ダイアー博士の世界的名著

自分のための人生

ウエイン・W・ダイアー

上智大学名誉教授
渡部昇一 訳・解説

三笠書房

■訳者のことば

とにかく一日一日を、「徹底的に自分を大事にして生きる」生活術

渡部昇一

ウエイン・W・ダイアーのこの本ほど、『ニューヨーク・タイムズ』紙や『タイム』誌のベストセラー・リストで第一位を長期間にわたって独走し、また全世界でも圧倒的に読まれた本はない、と言ってよい。

著者のダイアーは元来、精神分析学者であり、本書を書いた当時、ニューヨークにあるセント・ジョーンズ大学医学部大学院の心理学の准教授、すなわちアソシエイト・プロフェッサーで、臨床医療もやっていた人である。

ダイアーがこの本で言っている主眼は、大きく分けて二つある。

その一つは、**人生のあらゆる問題はすべて自分で選択、解決することができる**ということである。

その場合の選択とは、普通に選択できないものと考えられているような自分の感情や、幸福を選び取ることも含まれる。

ダイアーによれば、人とはその人自身の選択したものの総体、サム・トータルであるということにもなる。

第二の点は、**今日一日を徹底的に大切に生きる**ということである。それはいい意味での刹那主義（過去や未来にとらわれず、現在の「このとき」に全力投球し、精一杯楽しむ）と言ってもよいだろう。

「幸運」と違って「幸福」は自分で選び取ることができる

まず、ダイアーが言う選択というのはどういう意味なのかを見てみよう。

われわれはものを食べるときに、今日はパンにしようか、ごはんにしようか、果物はリンゴにしようか、ブドウにしようかというような選択ができることは誰もが知っている。しかし、自分の感情や幸福は選択できないものと思っている人があまりに多いのではないだろうか。

感情は外に原因があって起こるものであり、自分で選択できないもの、と思われやすい。ここで、**感情や幸福も選択できる**というのがダイアーの主張するところである。

では、感情も自分で選択できるということを、もう少し詳しく述べてみよう。

われわれは何を考えるかを自由に選ぶことができる。

ところが、感情というものは空中に浮いているものではなくて、何かを考えることから生じるものなのである。

そうすると、何を考えるかを自由にできるということは、何を感じるかも自由にできるということであり、すなわち、感情をも自由にできるということである。

こういう話がある。

ある心配性の人がいた。近所の人が「今日はいいお天気ですね」と挨拶したら、その心配性の人は「こんなにいい天気が続いては、傘屋をやっている息子は困るだろうなあ」と答えた。

その次の雨の日に、「今日は雨が降って、息子さんの商売にいいでしょう」と挨拶したら、今度は「いや、娘の嫁ぎ先はビヤガーデンをやっているから、困るだろうなあ」と言った。

まったく同じ人間でも、雨が降ったときは傘屋をやっている息子にはいいなと考え、よい天気になったら、ビヤガーデンの経営者に嫁いでいる娘にはいいとも考えられるわけである。

これは極端な例ではあるが、すべてのことは考え方によってガラリと違って見えるものだということだ。

「いい天気」というのは山に登るのにいい天気、あるいは運動会をするのにいい天気という意味だろう。

しかし、梅雨どきに雨が降るのは、農家にとって「いい天気」なのである。あるいは読書好きの人なら、雨が降る日のほうが落ち着いてよく読めるということもある。

つまり、雨が降る日とかよく晴れた日とかがあるだけであって、いい天気、悪い天気というのはその本質について考えれば、まったく無意味な言葉である。

そこまでよく見通すことができれば、自分の考え方をコントロールすることができる。それはとりもなおさず、自分の感情をコントロールできるということなのである。

自分の感情を人のせいにするというのはまさに間違った選択であって、すべての感情は自分の考え方、見方を深めることによって全部選択できるものである。

感情を人のせいにしないということが「自分のための人生」の一つの出発点になる。

「幸福」もまた外から来るものであると常に考えられているが、これもまた明らかに間違っている。

「幸運」は外から来るものである。宝くじを買って当たるというのは幸運である。しかし、それが幸福になるかどうかはまったく関係がない。宝くじに当たったために遊び癖《ぐせ》がついて破滅したという例は、数え上げればきりがない。

それに反して、宝くじに当たらなくても、幸福になることは心がけしだいでいくらでもできるのであって、幸運は選択できないが、幸福は選択できると考えるべきである。

さらに一歩進めば、自分の頭脳自体が自分ではないと考えるところまで行かなければいけない。

自分の脳を自分だと思うから、脳に起こったことは自由にならないものだと思いやすい。

しかし、脳というものは自分が自由に使えるものであって、脳のモードの入れ方によっては、怒りの感情をコントロールできるし、悲しみもまたコントロールできる。

また、しばしば自分ではどうにもならないと思われる病気ですらも、コントロールできる場合が多い。

病気にはまったく自分の力ではどうにもならないものもあることは確かであろうが、また多くの場合、自分の脳の使い方ひとつで、避けえることも確かである。

強気な言葉が強気な自分を作る

また、ダイアーの言葉の選び方に関する忠告も重要である。

たとえば、「僕は数学が不得意だ」というような言い方をするなということである。「自分は子どものとき、十分数学を勉強しなかった」と言うことはよろしい。

自分は数学に向いているか、向いていないかを断定することはできないし、断定する必要もないのである。確かなことは、自分は子どものとき数学を勉強しなかった、それで今できないということだけなのである。

だから、やればできるという可能性はそこに残しておいたほうがよい、という言い方をしている。

これは一事が万事、その通りであって、「自分はダメだ」とか、「自分は身体が弱い」ということは言わないことである。

身体が弱い人がいたら、「自分は今、〇〇の病気である」というような言い方をするのがいいのであって、「自分は頭が悪い」とか「身体が弱い」とか、自分のことをネガティブに断定する必要はさらさらない。

ところが、われわれは知らず知らずのうちにそういう言葉を使ってしまう。

言葉というのは親から、あるいは周囲からいつの間にか学ぶものである。まさにこれこそ文化とともに引き継いでいるものであって、間違いがゴロゴロしているところである。

何気なく言っている言葉も決して自分のマイナスにならないように使い、言い方を変えていくことが重要であろう。

ダイアーが間違った言い方、正しい言い方の例をたくさん挙げているのは、大いに参考になると思う。

だから読者の中で理数系が不得意な人も、自分は数学や理科ができないと言わないで、自分は学生のときに理数系の勉強を十分しなかったと言い換えるべきである。

語学が不得意であると言う代わりに、自分は中学、高校で英語をサボったという事実で考えるべきである。

だからサボらなければうまくなる可能性は常に残っているというのが、そこには含まれている。

そのようなわずかな言い方の集積が、長い間にはその人間全体を大きく根本的に変えていくということがあるのだ。

他人の評価を「気にかけない」生き方

自分の考えを自分で選択できるようになれば、その人の目には自分の意思で自由になることと、自分の意思では自由にならないことがはっきりとしてくるだろう。

自分の意思で自由になることと言えば、たとえば、「今日は日曜だから、朝早く起きて散歩しよう」というような決心などである。

その場合、早起きするかしないかはまったく自分の自由である。早起きしそこねて一日いやな気分になるというのも自由の範囲内であって、そういういやな気分になりたくなかったら、本当に早く起きればいい。

自分の意思で自由にできることで、思うようにならないことがあったら、これは反省して自由に選択したらいい。


ところが、自分で本当にどうにもならないことがある。

たとえば、**人の評判とか評価は本人の自由にならないもの**である。自分を人がほめてくれるかどうか、根本的なところは相手の勝手である。

したがって、ある程度以上気にしても始まらないのである。ところが、それが気になってどうしようもないということがある。

自分に対する他人の評価がまったく気にならないということは、普通の人にはありえないけれども、いずれそれは自分の自由にならないのだという悟りを持たなければ、重い、軽いの差はあっても、結局は神経症のようなものにならざるをえない。

究極的には人の評価は左右できないのである。

われわれは今、夏目漱石を大作家だと考える。しかし、死後間もないころの漱石評を見ると、漱石を高く評価していない人が多いのに驚く。もし、漱石がすべての人にほめられようと心がけていたら、くたびれて作品など書けなかったかもしれない。

しかし、実際ものを書く人は、人の評判についてはある程度のところで見限り、あきらめる。つまり他人の考えは操作できないという悟りがあるから、書けるのである。

人の評価が非常に気になるということもまた、現代文明の特色である。

約百年前から文明国では義務教育になり、子どものときからわれわれは先生に点数をつけられることに慣れている。

すなわち、他人の評価が絶対というような間違いに陥りやすいようにできている。

そうして他人による評価を絶対だと思い込むと、その人はきわめて臆病な、根本的にオドオドした人生の歩み方に陥らざるをえない。

結局、他人の評価は自分では動かせないものである。

自分の意思で何とかなるのは、他人の評価に対する自分の態度だけだと悟ったときに、真の自分の生活が始まるのだとダイアーは言う。

やりたいことをやれるのは、今しかない

ダイアーのもう一つの特徴は「現在を尊べ」ということである。

それは、「生きる」のは「今」しかないのであって、あとは過去において生きたという記憶と、これから生きるであろうという可能性なのである。

過去についてはジタバタしても始まらない。自分で左右できないことなのである。

過去に対していくらああすればよかった、こうすればよかったと言っても仕方がない。

だから過去を検討して現在への参考にするのは、現在とかかわりがあるという意味において非常によいのであるが、どうにもならない過去をクヨクヨ悔やむのは、自分の意思で

自由にならないことを自由にしようとする、愚かなもがきであると悟るべきである。

また未来も、究極的には自分によって左右できないものである。

明日、大地震が起こるということを、われわれは知ることもできないし、どうすることもできない。

したがって、将来の大地震に対しては、自分のできる範囲で多少なりとも備蓄をするとか、逃げ場を決めておくとか、できることはそういった程度のことであって、それ以上のことは心配しても仕方がない。

あるいは本当に地震が怖いならば、地震の絶対ない国に移住するしかないだろう。

そこまでの選択をしないつもりならば、自分のなしえる選択以外のことは心配しても仕方がないとあきらめなければならない。

それ以上のことをいろいろ悩んで不安になることも、自分で変えられないことを悩むことであって、愚かなことであると悟らなければならない。

そうすると、われわれが一番大切にしなければならないのは現在である。

やりたいことをやらないで死んだ人がいかに多いことか。それを考えると、**今やれるの**

にやらないで延ばすというのも、現代に特有の誤った考えなのである。

われわれの周囲にも、そういう老人たちをよく見ることがある。

たとえば、相当な財産を持っている七十歳の人がいるとしよう。その人は先のことを心配して貯蓄をして家も買ってある。それはたいへんけっこうだが、まだ自分のお金を使う気になれない。

これから何年間生きるのか知らないけれども、お金を貯めて家を持って死んだところで、残った子どもたちによって遺産争いになるのが関の山である。

だから、もしその人が賢明に生きようとするならば、自分が死ぬまでに財産を使い切ってゼロにするのが理想的である。

ゼロの見切りが難しければ、七十歳、あるいは六十歳ぐらいになったら、その人が今持っている財産を相当減らしていけばいい。

現在、家などを持っている人はかなりの財産を持っているわけであって、これから二十年間でだんだん貯金を使い減らすぐらいにして生きてもいい。

ところが、六十ぐらいのときに先が心配で貯め込み、八十になって、自分の周囲でも友だちがどんどん死ぬころになって俺も長くないなと悟り、それからスポーツをやろうとか、外国を旅行しようといっても、そのときすでに異国の街を見て楽しむ能力は若いときの何十分の一くらいになっているし、いわんや年を取れば外国の料理などは口に合わなくなっているということだってある。

これなどもやりたいことをむやみに先延ばしにする愚かさであって、いい意味の刹那主義になることが必要である。

これは、しばしば賢明で堅実な人が陥りやすい間違いである。

楽しみの先延ばしで子どものころ成功した記憶、たとえば高校時代にスポーツや何かを犠牲にしていい大学に入った。その喜びに味をしめ、一生楽しみを先延ばしにしたままで消えるという感じの人も少なくないように思われる。

どうもわれわれは、**完全を求めて何もできなくなるということがあまりにも多い**のではなかろうか。

始めから完全を投げ出すというのはよくないが、完全を求めつつ、しかも完全というものはないという諦観を持たねばならない。

自分だけでなく周囲も幸福にできる人間

このようにダイアーの思想を見ると、それは「恐ろしい、わがままな思想」ではないかという心配を読者に与えるのではなかろうか。

しかし、ここに一つのパラドックスが発生する。

それは一種の性善説に対する信念と言ってもよいのであるが、もしもわれわれが自分で選択した人生を送る覚悟を決め、**生きているのは今日、現在なのであるということを反省する機会を持つと、そこに必然的に自己実現が成される。**

自己実現が進むと、その当初予想しなかったことが起こってくる。

たとえば、あなたが音楽会の切符を三枚もらったとする。自分も、自分の妻も、二人の子どもも音楽好きだとする。このような一人だけ行けない場合にはどうするか。

初期の段階では、自分が行きたいと思ったら自分のもらった切符だから、自分が行けばいい。

しかし、そのうち精神的に成長して、その切符で自分が音楽を楽しむよりも、自分の愛する者たちが楽しんでいるのを見るほうが楽しい、という心境になりえる。

昔、イギリスの哲学者フランシス・ベーコンの「**自分を愛したことのない人間は、本当に人を愛することはできない**」という趣旨の言葉を読んだことがある。

若いころはその意味がよくわからなかったけれども、このごろ私もよくわかってきたように思う。

どちらかといえば、私は自分の好きなことをしてきた。自分のやりたいことをあまり抑えたという記憶がない。

そのせいで、今は他人の喜びを自分の喜びのように感じることが、比較的よくできるようになったのではないかと考えている。

私がダイアーのような生き方に賛成するのは――アメリカの心理学者マズローの考え方もそれに通じるのであるが――自分で自分の人生を選択し、自分の今を大切にしてきた人生を背景に持つと、必ずそこに一種の成長が起こるからである。

そうしていなかったら、我慢していやいやながらやるようなことが、成長することで喜んでやれる心境になるという確信があるからである。

本書の原著はこれより長いものではあるが、日本人には重要でないと思われる項目を削除して再編集してある。ご了承いただきたい。

もくじ

2章 自分の価値
「どんな幸せでも」自分で選べる

3章 「自立」と「自尊」の精神
もっと〝わがまま〟に生きていい

4章

「きのうの自分」を超える「できない」理由を探すな

5章

「今」が最高のチャンス
「過去」にとらわれない人の強さ

6章

「自分の知らない世界」
失敗を土台に、成功する

7章

なぜ「他人の評価」が気になるのか

「状況打開」の柔軟思考

8章

一日、一年、一生をいそがしく生きる

〝けじめ〟の行動学

9章

「怒る心」から自分を解放する

セルフ・コントロールの実践

10章 今を楽しみ、もっとシンプルに生きられる「充実人生」へ

1章

「気」の力
ここから一歩進む勇気

Your Erroneous Zones

1　自分の人生を存分に楽しめ！

肩越しに振り返ってみよう。

いつも決まってついてくるお伴が一人いるはずである。これといった名前が見当たらないので、とりあえずこのお伴を「自分自身の死」と呼ぼう。

この客人を恐れることも、あるいは自分の利益のために利用することもできる。**どちらを選ぶかはあなたしだい**である。

死は永遠であり、生は息つく間もないほど短い。そこで自問してみよう。

「本当にやりたいと思うことをしないでいてよいのだろうか」

「自分の人生を他人の望むとおりに送っていてよいものだろうか」

「ものは貯めるに値するほど大切だろうか」

「やりたいことを先へ延ばすのが賢明な生き方だといえるだろうか」

おそらく、その答えはほんの数語にまとめることができよう。

生きよ……おのれ自身たれ……楽しめ……愛せ。

自分の死を恐れてもかまわないが、それは無益なことだ。

一方、死を効果的に生きるための助けとすることもできる。

ロシアの文豪トルストイによって描かれたイワン・イリイチの言葉（『イワン・イリイチの死』）に耳を傾けてみよう。

彼は、ことごとく他人中心に過ごし、体制に適合するために自分の人生を自由に生きることを放棄してきた一生に思いをはせながら、万人を平等にする死神を待っている。


「もし私の一生がすべて誤りだったとしたら……」

以前には到底考えられなかったことが、つまり人生を過ごすべくして過ごしてこなかったということが結局のところ真実なのかもしれないと、ふと思った。これまで、ほとんど感じとれない程度の衝動は即座に抑えつけてきたが、そういう衝動のほうが本物で、それ以外は偽物だったのではないか。職責も、生活や家庭の切り盛りも、社会的あるいは職務上の関心も、みんな偽物だったのかもしれない。

こういうものを一切合財しっかりと守ろうとした私は、突然自分が守っているもののもろさを感じた。守るべきものなど何もなかったのだ……。

自分の人生に積極的に働きかけるべきか、自分自身で選択すべきかなどと思案し、考えあぐねたときは、こう自問してみることだ。

「私はいつまで死んだような人生を送るつもりなのだろうか」

自分の人生を選ぶと言ったって……、遠い先々のことまで見渡せることさえできればな あ――といった不安や恐怖心や疑問から自由になり、今この瞬間をはつらつと生きている人たちに対するうらやましさを拭《ぬぐ》い去ることができる。

自分のやりたいことをやり、人生の楽しみは自分の力でつかむようにしていかなければ、これから先をずっと、他人から「お前はこうしなければいけない」と言われるように生きていくことになるだろう。

確かに、この地上で生きるのは束《つか》の間だが、そのわずかな時間は、少なくとも自分にとって楽しいものであるべきだ。

誰のものでもない、自分自身の人生なのだ。自分のやりたいように生きることだ。

2 幸福は「才能」なり！

自分のための人生を生きるためには、いくつかの常識化してしまった「神話」を捨て去る必要がある。

まず手始めは、知能というのは、どの程度のレベルでの読み書き計算ができ、抽象的な等式が即座に解けるかという能力によって測定される、という考えだ。

知能をこのようにとらえると、正式な教育を受けることや読書力に優れていることなどが自己実現を測る確かなものさしだということになる。

こうして一種の知的偏重が助長され、ものの見方が歪《ゆが》められる結果が生じてきた。

学業優秀のバッジをたくさんもらった人や、ある種の学問分野に秀でた人を（数学、科学といったことに加えて、語彙の豊かさ、暗記力、速読能力などについても）「知的」であると思うようになってきている。

しかし心療内科には、ちゃんと優秀な成績証明書を持っている人も、持っていない人と同じようにあふれるほどいる。

いわゆる知能を測定するためのよりいっそう確かなバロメーターは、一日一日を、そしてさらに一日のうちの一瞬一瞬を、効果的に幸せに送っているかどうか、ということなのだ。**その瞬間を費やす価値のあることのために一瞬一瞬を生きているのなら、そういう人こそ「知的な人」**だといえる。

確かに、ある種の問題解決能力は幸せになるために役立つかもしれない。しかし、たとえ特殊な問題解決力はなくとも、幸福な生き方を選ぶことはできる。**最低限、「不幸を選ばない」ということをわきまえている人こそが、「真に知的」**なのである。そういった選択能力こそが、自分の心を守る最終兵器となるのだから。

自分の芽を摘む〝もう一人の自分〟

こう言うと、おそらく意外に思われるだろうが、「神経をすり減らす」などという事実は存在しない。神経はすり減ったり、衰弱したりするものではない。身体を切り開いて弱った神経なるものを探してみればよい。そんなものは決して見つかりっこないのだ。「知的な人々」が神経をすり減らすことがないのは、彼らが自主的な態度をとっているからである。

そういう人たちが憂うつではなく幸福を選ぶ方法を知っているのは、人生の問題の「扱い方」を知っているためである。

問題を「解決する」という言い方をしなかった点に注意していただきたい。

彼らにとっては、問題を解決する能力が知能を左右するのではない。

むしろ、問題そのものは解決しようがしまいが、自分自身は幸せで価値ある人間でいられる力をどの程度持っているかが重要なのだ。

人生の戦いは誰にとっても似たようなもので、同じような問題を抱えている。

意見の相違、衝突、金銭、老齢化、病気、死、天災、事故などはすべて、どんな人間にとっても問題になる事柄なのである。

しかし、そのようなことが起こったとき、うまく切り抜け、失意や不幸にとらわれない人もいれば、落ち込んだり、うつに陥ってしまったりする人もいる。

人間である以上、問題の一つや二つがあって当たり前だと受け止め、問題の有無を幸福の基準としない人こそ、われわれが知るかぎりもっとも知的な人々である。

そしてまた、もっともまれな人々でもある。

一般的にこれまで、自分の感情はコントロールできないとか、怒り、恐れ、憎しみ、愛、感動、喜びなどは自然と湧き起こるもので、自分の意思ではコントロールできないとか、ただそういうものだとして受け入れるほかはないのだと信じられてきた。

だから、何か悲しいできごとが起こると、ごく自然に悲しい気分になるが、そういったときには何か幸せなことが起こって、またすぐ楽しい気分になれるといいのに……と望むのである。

3　自分の頭を支配する

自分の感情はただ「フッ」と湧いて出るものではない。

感情はものごとへの一つの反応としてみずから選び取るものである。自分自身の感情のあり方をよくつかんでいれば、自滅的な反応を選ぶ心配はない。

自分がこう感じたいと思うがままに感じられるようになれば、やがてそれは「知性」へと続く道に出たことになる。

この道は新鮮に感じられるだろう。感情は生体の状態としてではなく、選択の対象としてとらえられているからである。これこそが個人の自由の神髄である。

そもそも**「感情は自分の力ではどうすることもできない」という考え方は論理的に破綻している。**

簡単な三段論法を用いて明らかにしてみよう（三段論法とは論理学の一公式で、大前提、小前提、それにこの二つの前提の一致にもとづく結論がある）。

自主性を得る過程に向かって、思考の面でも感情の面でも、一歩を踏み出すことができるだろう。

自分の感情をコントロールするための〝三段論法〟

◎論理的――三段論法

大前提：アリストテレスは男性である。
小前提：男性はみな、ひげがある。
結　論：アリストテレスにはひげがある。

◎非論理的――三段論法

大前提：アリストテレスにはひげがある。
小前提：男性はみな、ひげがある。
結　論：アリストテレスは男性である。

これらのことから明らかなように、十分気をつけて大前提と小前提が一致する論法を用いなければならない。二番目の例だと、アリストテレスはサルやモグラでもかまわないわけである。

次にもう一つ、論法を挙げよう。これで、自分自身の感情の世界が思うようにならないという考えは永久に消え去ることだろう。

大前提：私は自分の思考をコントロールすることができる。
小前提：私の感情は私の思考から生まれる。
結　論：私は自分の感情をコントロールすることができる。

「私は自分の思考をコントロールすることができる」という大前提は明白である。みずから頭に思い浮かべたことならどんなことでも、自分にはそれについて考える力があるわけである。

もし、何かがフッと頭に「浮かんだ」としても、そのことを頭の中から追い出すこともできるはずだ。したがって、自分で自分の思考の世界をコントロールしているということになる。

自分の頭の中に思考として入ってきたものを、コントロールするのは自分だけである。信じられないというのなら、次の問いに答えてみればよい。

「もし、あなたの考えをあなた自身がコントロールしないとすれば、いったい誰がコントロールするのですか」

配偶者？　社長？　それとも母親だろうか？　もし、こういう人たちがあなたの考えることをコントロールしているというのなら、彼らのほうこそ医者へ治療に行かなければならない。そうすれば、あなたはたちまち元気になれるというわけだ。

しかし、本当のところ、自分の思考は彼らにコントロールされているのではないということが、あなたにはわかっているはずだ。ほかならぬあなた自身が、自分の思考器官をコントロールしているのである（極端な洗脳を受けるとか、条件つきの心理実験とか、特殊な状況を別にすれば）。

自分の考えは自分自身のものであり、その考えを続けようが変えようが、他人に明かそうが熟慮しようが、完全に自分一人のものなのである。

誰も他人の頭の中へ入り込むことはできないし、本人が経験するのと同じように、その考えを所有することもできない。

自分の考えをコントロールするのはまさに自分自身であり、頭脳も自分自身のものなのだから、自分が決めたように使えばよいのだ。

また、「私の感情は私の思考から生まれる」という小前提も、つき詰めて考えれば、ほとんど議論の余地はない。

感情を抱くためには、それ以前にまず何かを考えていなければならない。脳を取り除くと、「感じる能力」も消えてしまう。

感情は、思考に対して起こる身体的な反応なのだ。

涙が出る、顔が紅潮する、心臓の鼓動が速くなる……。さまざまな感情の反応のどれ一つを取っても、まずは自分の思考中枢からの信号を受けたはずである。

この思考中枢がいったん傷ついたり回路がショートしたりすると、感情の反応も起こらなくなる。脳にある種の障害を受けると、肉体的な苦痛さえ感じられなくなる。手を文字どおりストーブの上でフライにしてもまったく痛みを感じないのである。

知ってのとおり、思考中枢を通らないでは、何らかの感情を持つことはできない。そう考えると、この小前提もまた真実に根ざしていることがわかるだろう。どんな感情もそれが起こる前には思考がある。脳がなければ感情もないのである。

また、「私は自分の感情をコントロールすることができる」という結論も、理にかなっている。

自分自身の思考をコントロールでき、さらにその思考から感情が生まれるとすれば、感情に先立つ思考に働きかけることによって感情をコントロールできるはずである。

まわりの人間や、ものが自分を不幸にするのではない。自分で自分を不幸にするのだ。

それは自分の生活にかかわり合うものや人間に対する自分の考え方のせいである。

自由で健康な人間になるには、まず考え方を変えていかなければならない。いったんそれができれば、新たな感情が生まれ、自由な人生に向かって一歩を踏み出せるだろう。

自分から「不幸になってしまう人」

この三段論法をもっと具体的な角度から眺めるために、ある管理職の男性の場合を考えてみよう。

彼は自分が社長から軽視されていると思っていて、ほとんど四六時中そのことを苦にしている。社長に高く評価してもらえないので、彼は不幸なのである。

しかし、社長が彼のことを無能だと思っているとしても、彼がそのことを知らなかったら、それでもやはり不幸だろうか。もちろん不幸ではない。知りもしないことのために、どうして不幸になれるだろうか。

だから、社長が自分のことをどう思うかが原因で不幸になるのではない。この男性自身がどう考えるかで不幸になるのである。

さらに間違っているのは、**彼が自分自身の考えよりも他人の考えのほうが大切だと確信していること**である。

これと同じ理屈が、あらゆるできごとやものの見方などに当てはまる。

誰かが死んでも人は不幸にはならない。死んだという事実を知らないうちは、不幸になりようがない。

つまり、**不幸の原因となるのは死そのものではなく、そのできごとに対する自分自身の思い**なのである。

台風もそれ自体は憂うつなものではない。憂うつは人間特有のものだ。台風のせいで憂うつになるというなら、憂うつになるような思いを自分自身に言い聞かせているのである。

だからといって、自分をごまかして台風を楽しむべきだなどと言うつもりはない。

ただ、こんな質問をしてみてほしい。

「どうして自分は憂うつを選ばなければいけないのだろう。憂うつになったからといって、より効果的に台風に対処する役に立つだろうか」

私たちは、感情に対しては本人に責任がないと言われて育ってきた。

三段論法ではちゃんと責任があると立証されるにもかかわらず、である。

そうして、次のようなセリフを使って、感情は自分でコントロールできるという事実から目をそむけてきた。

これまで何度も何度もくり返して口にされてきた、そういうセリフをいくつか挙げてみよう。

「そう感じたんだから、仕方がないでしょう」

「腹立たしいと言ったら腹立たしいんだから、説明しろなんて言わないでくれ」

「彼のせいで不愉快だ」

それぞれの表現の言わんとするところは、**ものの感じ方に対し「自分には責任がない」ということ**である。

ここでこれらの言い方を書き直して正確な表現にし、そして、感じ方は自分に責任があり、感情は自分が抱いた考えから生じるものであるという事実を示してみよう。

「感じ方は自分しだいでどうにでもなるけれど、私は自分から腹を立てるほうを選んでしまったんだ」

「私は自分の意思で腹を立てているんだな。自分の怒りをぶつければ、他の人たちを操ることができるから」

「私は自分のせいで不愉快な思いをしている」

最初の三つのセリフは単なる言葉のあやにすぎないとか、私たちの文化の中で決まり文句となった言い回しでしかない、と思う人もいるかもしれない。

そういう理屈が成り立つなら、あとの三つに挙げられている言い方は、なぜ決まり文句にならなかったのだろうか。

その答えは私たちの文化の中にある。私たちの文化は最初の三つのような考え方をよしとし、あとの三つの論理をよしとしないものである。

つまり、本来は自分のものの感じ方に責任があるのは自分なのだ。人は自分が考えることを感じるものであり、またその一方でどんな事柄についても、今までとは違った考え方ができるようになるものだ。ただし、「その気になれば」の話である。

考えてみるといい。不幸になったり、落ち込んだり、傷ついたりして、いったい何の得になるのだろうか。

4 悪条件にも耐える「発想転換法」

新しい考え方をするのは生やさしいことではない。ある一連の発想パターンと、そこから派生する弱気な考えに慣れっこになっているからである。

今までずっと身についていた習慣的な考えをすべて捨て去るには、相当の努力が要求される。

自主的に生きるには、まず自分自身を認識することが必要である。

「彼のせいで傷ついた」というような表現をするときに、それを言っている自分に気づくことだ。

何かをしているときに、自分が今何をしているのかを心に留めることだ。

新しい考え方を取り入れるには、まず、自分の中にある古い考え方を認識することがどうしても必要なのである。

多くの人は、自分の感情を起こすもとは外界にあるという思考パターンに慣れてしまっている。これまでに何千時間もかけてこういう考え方を強固にしてきたわけだ。

したがって、自分の感情の責任は自分が取るという新しい考え方になじむには、やはりこれから何千時間もかけなければならないかもしれない。

それは大変な道のりだが、困難だからといってそれをしないですます理由には決してならない。

自動車の運転を覚えようとしていたころを思い出してみよう。とても手に負えそうにない問題に直面したはずだ。

マニュアル車ではペダルは三つあるのに、それを動かす足は二本しかない。最初にこの操作の複雑さに気づく。

クラッチから足をゆっくりと離す。しまった、速すぎる、と思う間にガツンと来る。クラッチをゆるめるのと同じ速さでアクセルを踏む。右足をブレーキにかける。クラッチも切らなければならない、そうしないとまたガツンと来る。

こんなとき、頭脳からは無数の信号が送られる。常に考え、頭を使っているのだ。自分は何をしているのか。

それを認識して、それから何度も何度も挑戦し、失敗し、また新たに努力した末に、やっと車にスッと乗り込んで運転できるときが来るのである。

そうなるとエンストやノッキングを起こしたり、次の動作をいちいち頭で考えたりすることもない。自動車の運転は第二の天性となったのである。

身体を使う仕事を習得する場合――たとえば今挙げた例のように自分の手足の動きを調和させて車を運転しようというとき、どのようにして自分の精神を統制するかがわかるだろう。そのプロセスは、感情の世界にも同じように当てはまる。

現在身についている習慣は、これまでの生活でしだいに強化され、習得されてきたものだ。**自分でも意識しないうちに不幸になったり、腹を立てたり、傷ついたり、イライラしたりするのは、それまでの長い期間を通じてそういう考え方をするようになっていたから**である。

自分自身のふるまいをそのまま受け入れ、何ら疑問を抱かなかったためだ。

しかし、実は、不幸になったり、腹を立てたり、傷ついたり、イライラしたりしないようにもなれるのである。

例を挙げよう。普通、歯医者へ行くのは不愉快な体験で、おまけに苦痛を伴うものだと考えられている。とにかく歯医者は嫌いだ、あのドリルがいやだ、などという感じをずっと持ってきた人も多いだろう。

けれども、こういうことはすべて身についた反応なのである。

歯の治療がすべて終わったときの壮快感、それから健康上のことを考えて、歯医者へ行くことを楽しい、ワクワクするような行為ととらえることもできる。その体験全体を自分にとっていやなものではなく、好ましいものとして生かすこともできるということだ。

自分の頭を使って感情をコントロールしようと固く決心をすれば、例のドリルの音も心地よい体験となりえるだろうし、訓練しだいで、ドリルのブーンと鳴る音が聞こえるたびに人生でもっとも恍惚とした瞬間を想像できるようになるだろう。

今まで苦痛と思っていたことについて何か別のことを考え、新しくて楽しいものを感じることもできるかもしれない。

自分の歯にかかわる環境をみずから管理し、調整できるほうが、古いイメージにしがみついてただひたすら耐えるよりも、どれほどおもしろく、また生産的だろうか。

あなたはまだ、疑わしいと思うかもしれない。

「そのように考えようと思えば何だって考えられる。それでもやはり、歯医者が歯に穴を空け始めるといやな気持ちになるんですよ」

自動車運転の教習のときを思いかえしてみよう。いつごろ、運転できると確信できただろうか。考えが信念となるのは、くり返しやってみてからである。

たった一回やってみただけで、そのときできなかったことを理由にしてあきらめるよう

ではダメなのである。

自主的に生きるには、まるで洋服でも選ぶかのように、新しい考えを試着してみるだけでは十分ではない。

それには、幸福になろうと心に決め、自分の内部に不幸をつくり出してしまうような考えにはことごとく立ち向かい、それを打ち砕こうという決意がどうしても必要になる。

5　石頭が「壁」をつくる！

「私は、自分から進んで不幸になっているのではない」とまだ信じている人は、次のようなできごとを想像してみればよい。

長い間一人きりで、部屋の中に閉じ込められる。

あるいは逆に、ぎゅうぎゅう詰めのエレベーターに押し込められ、立ったまま何日も過ごすように強いられる。

食べものを全然もらえないか、あるいは特に嫌いな料理をむりやり食べさせられる。

拷問を受ける。拷問といっても、自分で自分を苦しめる精神的な拷問ではなく、他人から受ける肉体的な拷問のことである。

不幸になるときはいつでも、不愉快に感じるあつかいを受けているものだ。

このうちのどれか一つでもいい、こういう虐待を受けることを、みじめな気持ちを追い払いたくなるまで想像し続けてみるがいい。

そんな気持ちにどれくらい持ちこたえられるだろうか。

おそらく、かなり早く、自分の状態をコントロールするようになるだろう。

問題は、自分の感情をコントロールできるかどうかではなく、その意思があるかどうかなのだ。そういう選択をするまでに必要な忍耐力は大変なものだ。

自分の心をコントロールするよりも狂気の道をたどる人もいる。また、憐れみをかけてもらって得るもののほうが幸福の報酬より大きいからという理由で、ただあきらめて悲惨な人生に屈する人もいる。

ここで大切なのは、**幸福を選ぶ、あるいは、少なくとも人生のいついかなるときでも不幸を選ばないという自分自身の能力**である。

びっくりするような考え方かもしれないが、この考え方を拒絶する前に注意してよく考えてみるべきである。

こういった考え方を拒んでいては、自分自身を見捨てることになるからだ。つまり、自分ではなく誰か他の人の思惑で生きる人生を受け入れることになるのである。

こんな「新しい考え方」もできる

不幸よりも幸福を選ぶのはその人の自由である。

それと同じように、日常生活のさまざまなできごとの中で、自滅的な行為よりも自己実現にいたる行為を選ぶのも自由である。

今の社会の道路事情を考えれば、車を運転すると、おそらくしょっちゅう渋滞で立ち往生するはずである。

そんなときあなたは、腹を立てたり、他のドライバーに毒づいたり、同乗者に文句を言ったり、手当たりしだいにまわりの人やものに当たり散らすだろうか。

そしてその行為を正当化するために、交通事情はいつもイライラの種だとか、交通渋滞には本当にうんざりするなどと言うだろうか。

もし思い当たるなら、それは、あなたが交通渋滞について、ある決まった考え方をするように慣れてしまっている証拠である。

しかし、何か他のことを考えようと決心してみたらどうだろうか。もっと自分自身を高めるような方向で頭を使ってみたらどうだろうか。

それには時間がかかるだろうが、独り言を言うにも新しい方法でできるようになるし、行動の仕方も変わってくるだろう。

たとえば、口笛を吹いたり、歌ったり、ボイス・レコーダーを使って声の便りを吹き込んだり、腹を立てるのを三十秒間遅らせるようなことさえできるかもしれない。

このような行動がとれるようになることは、つまり、交通渋滞を好きにならないまでも、徐々に新しい考え方をするようになってきたわけである。

イライラをやめようと決心し、古い自滅的な感情は捨てて、ゆっくりと、しかし一歩一歩確実に健康的で新しい感情と習慣を取り入れることを、みずから選び取ったことになるのである。

どんな経験であっても、楽しく、興味をそそるものにすることができる。退屈なパーティや会議は、新しい感情を選び取るにはおあつらえむきの場所である。

退屈だと感じたら、頭を生き生きと活発に働かせるために、その場の話題を転換するような気のきいた発言をするとか、小説を書くつもりで第一章を仕上げるとか、将来こういう状況に陥らないための新しいプランを立てるとか、いろいろな手がある。

つまり、やっかいの種となっている人やできごとを、どうにかして役立てることができないかと頭を働かせ、それらを自分のために利用するのだ。

レストランのサービスが悪い場合にイライラしてしまう人がいる。人やものが自分の望みどおりにならないからといって、どうして腹を立てることを選択するのか。

他人のために、しかも自分の人生にとってまったく重要ではない人間のために心が動揺するほど、自分は安っぽい人間ではないはずだ。

それなら、策を練ってその状況を変えるとか、店を出るとか、何かしらすればよい。ただイライラしているだけではダメだ。

頭を自分のためになるように使うことだ。そうすればいつかは、ものごとがうまく運ばなくても腹を立てたりなどしないという、すばらしい習慣を身につけることができる。

6　こんな「思考停止」が危ない

どうしたら幸福になれるかについて考えるとき、逆に否定的な感情を示すものとして「金縛り」という言葉を心に留めておいていただきたい。

怒り、敵意、恥ずかしさ、その他これに類する感情である。

人は誰しも、こういう感情にしがみつきたくなるときがある。けれども、感情によって金縛りになる「限度」を自分の指標として持つことが大切である。

金縛りの程度は、まったくそれと感じない状態から、軽い優柔不断やためらいまで含めることができる。

あなたは腹が立つあまりものが言えなくなったり、感じられなくなったり、何もできなくなったりすることがないだろうか。

もしあるなら、感情によって金縛りにあっているのである。

近づきたい人がいても、恥ずかしくて近づけないようなことはないだろうか。もしあるなら、やはり金縛りにあっているのであり、当然自分が望む経験をしそこねる。

憎しみや嫉妬のせいで、潰瘍《かいよう》ができたり血圧が上がったりしないだろうか。またそのために効率的に仕事ができなかったりしないだろうか。そのときのネガティブな気分で眠れなくなったり、セックスができなくなったりしないだろうか。これらはすべて感情による金縛りの表れである。

金縛りとは、重症、軽症にかかわらず、自分の望むレベルで自分が機能していない状態をいう。

こんなときに金縛りになるかもしれないという場合について、簡単なチェックリストを挙げてみよう。このリストは金縛りの弱い状態から順次強い状態になるように並べてある。

□自分の夫（妻）や子どもたちに愛情を込めて話しかけたいのに、それができない。
□興味ある企画に取り組むことができない。
□セックスをしないでいるが、本当はしたいと思っている。

□一日中家の中にいて、クヨクヨ考え込む。
□うしろめたさがあるので、ゴルフもテニスも楽しめない。
□魅力的だと思う人に自己紹介ができない。
□ちょっとした好意を示せばその人との関係がうまくいくとわかっているのに、話しかけることを避けている。
□何か悩みがあるために眠れない。
□腹が立って、はっきりとものが考えられない。
□好きな人に面と向かってひどいことを言う。
□過度に神経質になり思うように活動できない。意図しないのに顔が引きつってしまう。

金縛りとはひどく破壊的な結果を生むものなのだ。

否定的な感情を持てば、たいていの場合、結果的にある程度の金縛りを起こす。だからこそ、否定的な感情は何としても自分の生活から取り除かなければならない。

いやな感情も、ときによっては効果的でありえると考える人もいるだろう。

たとえば、道で遊んではいけないと言い聞かせるために、小さな子どもを怖い声で叱りつけるような場合である。

もし、怖い声が本当に子どもに言い聞かせるための手段となり、それで効果が出るのなら、健全な策を用いたのだろう。

しかし、他人に大声を上げるのが、自分の言い分をきちんと主張するためではなく、ネガティブな感情を爆発させるためだったら、自分自身を金縛りにしたことになる。

その場合は、自分の害になる感情を味わわなくても、子どもが道路に出ないような新しい手段を選択すべきなのである。

7 〝今〟を存分に生きる

金縛りと戦う一つの方法は、「今を生きる」ように心がけることである。

今を生きるということ、今という時間とつながりを持つことが、よりよい生き方の核心になる。

考えてみると、実際、今以外に生きることのできるときは存在しない。

存在するのは今だけであり、未来もまた、そのときになったら現在にすぎない。ただし、未来が今にならないうちは、その時を生きることはできない。それは確かである。

ここで問題となってくるのは、私たちを取り巻く文化は、今というときをあまり強調しないという点である。

将来に備えよ、あとのことを考えてから行動せよ、快楽主義に陥るな、明日のことを考えろ、退職後の計画を立てろ。

現在を避けるのは私たちの文化の病弊のようなものである。

私たちは絶えず、未来のために現在を犠牲にするように慣らされている。

これは単に今の楽しみを避けるだけではなく、永久に幸福を回避するに等しい。いざ未来がやってきてそれが現在になると、その時をさらに次の未来の準備のために使わなければならなくなるからである。

こうなると幸福とは明日のためにあるもので、実は決して手に入らない。

あなたは大丈夫？――「現在回避病」の恐るべき例

「現在回避病」とでも言うべきものは多くの形を取って現れる。こういう回避的な行動の典型的な例を二つほど挙げよう。

ある女性は、森のある公園へ出かけて、自然の中で充実した時間を過ごそうと決心する。ところが、公園で心を自由に遊ばせていると、今ごろ家でやっているはずのことばかりに気持ちが向いてしまう。子どもたちは……？　食料品や雑貨の買い出し、家の修理、請求書の支払いは……？　早くも、家に帰ってやらなければならないことをあれこれと考えてしまう。

こうして現在は、過去と未来のできごとにとらわれたまま過ぎていった。

結局のところ彼女は、自然の中でその瞬間の楽しみを味わうというめったにない機会を逃してしまったのである。

また、ある男性はテキストを読んでいるところだ。一生懸命読み続けようとしている。

ハッと気がつくと、ちょうど三ページ分を読み終えたところである。が、心はどこかへさまよい出ていたらしい。書いてあることは一つも頭に入っていなかった。目は一語一語をしっかりと見ていたのに、彼の頭は本に書いてある内容を避けていたのである。

文字どおり、読書という儀式を執り行なっていただけで、その間、時間は前の晩の映画のことを考えたり、次の日の試験の心配をしたりするのに費やされていたのである。

人生の一瞬一瞬をとらえて味わう生き方

「今」という、常に自分とともにある移ろいやすい時間は、もし、その中で恍惚となることに身を任せるのなら、最高の美しさを体験することができる。

感覚をとぎすませて一瞬一瞬を受け止め、過ぎ去った過去や、いずれ訪れる未来にはそっぽを向くことだ。自分の持てる唯一のものとして今この瞬間をつかむのだ。

「願う」「望む」「後悔する」といったことは、現在を回避するための、もっともありがちな、そしてもっとも危険な行為だということを肝に銘じてほしい。

「現在」から逃げる人がよくやるのは、未来を理想化することだ。

今はくすぶっているけれど、そのうちいつかは奇跡的な瞬間が訪れ、人生が変わり、すべてがあるべき位置に落ち着き、幸せになれる。

卒業、結婚、出産、昇進など何か一大事業を成し遂げたとき、本格的な人生が始まる……。


たいていの場合、いざそのできごとが起こってみると、がっかりするものなのである。決して想像どおりというわけにはいかないようだ。

はじめての性体験を思い出してみよう。

期待していたのに結局、天にも昇らんばかりのオルガスムスも、失神するほどの衝撃も何もない。どちらかといえば、これしきのことをどうしてみんなは大層に考えるのだろうという気持ちが残ったのではないか。

もちろん、ものごとが期待はずれでがっかりしても、もう一度、また別の理想をつくり直して、その沈んだ気分から抜け出すことができる。

しかし、この、期待と失望の悪循環を、人生のパターンにしてはならない。

むしろ「今このとき」を充足する策を練って、悪循環の環を断ち切るべきだ。

前述のトルストイのイワン・イリイチにならって、これまでの人生を振り返ってみるとわかることだが、私たちは自分がやってしまった事柄については、ほとんど後悔の念を感じない。

つらい気持ちになるのは、たいてい自分がやらなかったことのせいである。

となれば、答えは明らかである。とにかくやることだ。

現在に対する理解を深め、人生の一瞬一瞬をとらえて味わうのだ。

現在という時間を大切にしよう。ダラダラと無為な過ごし方をしたら、今この一瞬は永遠に失われてしまうのである。

現在をしっかりととらえ、最大限に活用する方法を知っている人々は、自由で自己実現をする人生を選んだ人々である。それは、私たち一人ひとりにとって可能な選択なのだ。

8 「成長心」が人間の器を大きくする

自分の望むとおりの幸福と充足を求めていく際、その動機には二種類ある。

一つは、「完全化ないし補足」からの動機、もう一つの、もっと健全な形態は、「成長」から生じる動機である。

どういうことか詳しく説明していこう。

顕微鏡の下に岩石を置いてよく観察するとわかることだが、岩石は少しも変化しない。しかし、同じ顕微鏡の下にサンゴの一片を置いてみると、サンゴは成長し変化しているのが認められる。つまり、サンゴは生きており、岩石は死んでいるのだ。

生きている花と死んだ花をどのようにして見分けるのだろうか。成長しているものが生きているのである。生きていることの唯一の証拠が成長なのだ。

これは心の世界にも当てはまる。成長していれば、その人は生きている。成長していなければ、死んだも同然なのである。

モチベーションは、自分に不足しているものを補おうとする必要性よりも、むしろ成長しようとする欲求から生じるようだ。

常に成長し、向上し、より優れた人間になることができるという自覚があれば、それで十分である。金縛りになり、否定的かつ消極的な感情に浸ることに決めてしまった人は、成長しないと決心をしたということである。

成長の動機づけとは、自分の生命力を使ってより大きな幸福を求めることである。自分は何か悪いことをしたから、あるいは自分のような人間はどこか不完全だから、向上しなければならない（これが「完全化もしくは補足」ということである）という動機とは根本的に違う。

成長することをモチベーションの目的として選択すれば、必然的に人生の今という瞬間をすべて、自分で支配できるようになる。

つまり、自分が自分の運命を決めることができるのだ。人と張り合ったり、やっきになったり、世間に調子を合わせたりすることはない。むしろ、まわりの世界を自分に合わせて選ぶのである。

この点について、劇作家のバーナード・ショーは、戯曲『ウォレン夫人の職業』の中で次のように述べている。

自分がこうなったのは環境が悪いからだ、と文句ばかりを言う人がいる。私は環境なんて信用しない。この世間で立派にやっている人物は、自分から立ち上がって望むような環境を探したか、あるいはそういう環境を自分でつくり出したという人たちなのだ。

「決意」を心の中でくりかえす

ところで、本章のはじめで述べたことを思い出していただきたい。考え方、感じ方、生き方を変えることはできる。しかしそれは決して容易なことではない。

ここでちょっと想像してみよう。仮に一年以内に何か困難な課題——たとえば一五〇〇メートルを四分で走る——を達成するよう命令され、失敗したら処刑されるとする。

もし、そんな状況に陥ったらもう必死で、トレーニング計画に従って毎日毎日練習を重ねるだろう。

そうすることで、肉体だけでなく精神も鍛えられる。なぜなら身体に何をすべきか命令するのは頭だからである。練習、練習、練習――ひたすら練習を重ね、やめようとかサボろうという誘惑に屈することは絶対にないだろう。


この他愛のないたとえ話をしたのは、もちろん、私の主張を裏づけるためである。誰も一夜にして肉体を鍛えられるなどとは思わないだろう。

それなのに、**こと心の変化に関しては、すぐにも効果が表れるのが当然と考えたり、一度試してみただけで即座に身につけられると高をくくったりする人が多い**ようだが、それは間違っている。

満ち足りた心、自分の選択をコントロールする能力、そしてそこから生み出される現在の幸福を本当に勝ち得たいと望むのなら、今までに身についてしまったことにしがみついていてはいけないのだ。

そのためには、自分の心は間違いなく自分のものであり、自分の感情は自分でコントロールできると絶えず心の中でくり返す必要がある。
自分には選ぶことができる——今日という日を楽しむのは自分自身であり、自主的に生きようという決意さえあればそれは可能なのだ、と。

2章

自分の価値

「どんな幸せでも」自分で選べる

Your Erroneous Zones

1 「心のシェイプ・アップ」を怠らない

あなたはある種の社会病にかかっているかもしれない。注射を一本打ったくらいでは、とても治りそうにない病気である。

「過小評価」という名の病に感染している恐れも十分にある。これを治療するには、今のところ「自己愛」の大量服用しか手がない。

しかし、おそらくあなたも含めて、この社会では多くの人たちが、自分自身を愛するのはよくないことだという考えを抱いて大人になった。もっと他人のことを考えなさい、と社会は教える。隣人を愛せ、と教会は説教をする。

自分自身を愛せよということを、誰も心には留めていないようだ。けれども、**幸福を得たいと思うのなら自分を愛することを学ばなければならない。**

本来ならば、自分自身を愛するのはごく自然なことだ。それなのに、私たちは子どものころから自己愛はわがままやうぬぼれに近いものだと教えられてきた。

「他人を優先し、まず他人のことを考えよ、それが立派な人間の証である」「出しゃばるな」「自分のものを仲間と分かち合え」「自分の分をわきまえよ」……などといった自己愛を否定する数かぎりない教えに従って育てられてきた。

子どもたちは、自分はかわいくてとても大事なものなのだと、当たり前のように考えているが、思春期に達するころには社会の教訓が根を下ろしてしまっている。自己不信の花盛りというわけだ。そしてそれは、年月が経つにつれてますます強化されていき、結局のところ、自分自身を愛するのは間違っている、ということになってしまう。つまり「他の人がいったいあなたをどう思うか」を気にして生きていくことが基本になるのである。

子どものころの考え方を、そう簡単に払拭《ふっしょく》するわけにはいかない。自分が自分に対して抱いているイメージは、いまだに他人が自分をどう見ているかにもとづいているかもしれない。

確かに、自分はどこの誰なのかということは、大人から聞く以外に知る手だてはない。が、それを後生大事にいつまでも抱えている必要はない。

古い足枷《あしかせ》をはずし、治りきらない傷をきれいに拭うのは大変な作業だ。しかし、いつまでも足枷をはめた状態にあるのは、後々のことを考えると、かえって大変なことになる。**精神的な習慣を変えれば、自分を大切にする気持ちから、目を見張るような選択ができるもの**なのである。

愛することが上手な人たちは、自己破壊的な行動を取ったり、自分をおとしめてすみっこに隠れたりはしない。上手に愛を与え、かつ受け取ることができる。

そして、その出発点はあなた自身である。自分を過小評価するような行為が、今では自分の生き方となってしまっているならば、そんな行為は一切やめようと誓うことだ。

2「自分の価値は自分自身が決めるもの」

まず、自分像というものはたった一つしかなく、それが常に肯定的か否定的かのいずれかなのだ、という思い込みを打ち破らなければならない。自分のイメージはたくさんあって、刻一刻と変化するものである。

「自分自身のことが好きですか」と尋ねられた場合、つい自分に対する否定的な考えを全部引っくるめて、「いいえ」と答えてしまいがちだ。しかし、むしろ嫌いな部分をバラバラにして一つずつ分類してみれば、自分が改善すべき目標がはっきりしてくる。

私たちは自分自身に対して、肉体的、知的、社会的、感情的な面でさまざまに感じていることがある。

また、音楽、運動、美術、機械に関する理解、文章力などの自分の能力について、それぞれ自己評価を行なっている。自分の行動の数と同じだけの、おびただしい数の自画像があるのだ。

そしてそのあらゆる行動を通して、常に自分が存在する。その自分をみずから受け入れるか拒否するかの、いずれかである。

自分は存在している。自分は人間である。それだけで十分なのだ。自分の価値は自分自身で決めるもので、誰にも説明する必要はない。

あなたの価値は天与のものであって、あなたの行動や感情とは無関係のものだ。

自分のふるまいをいやだと思う場合があるかもしれないが、それは自分の価値とは何ら関係がない。私たちは価値ある人間でいようと決心することができる。そうすることで、自分のイメージをよくすることもできるのである。

選択肢は二つだけ——現実を変えるか、見方を変えるか

まず最初は、やはり肉体的に見た自分である。

あなたは自分の身体が好きだろうか。答えがノーなら、身体の一つひとつの部分について分けて考えてみよう。いやだと思う部分のリストをつくろう。

髪、額、目、まぶた、頬といった具合に頭のほうから順次チェックしていく。口、鼻、歯、首などは気に入っているだろうか。腕、指、胸、腹などはどうだろう。

項目をたくさん挙げてみよう。腎臓、脾臓といった内臓も忘れてはならない。普通の人はあまり注目しないような部分もある。ローランド溝（大脳の前頭葉《ぜんとうよう》と頭頂葉《とうちょうよう》とを分ける溝。中心溝とも言う）、副腎、口蓋垂《こうがいすい》などはどうだろうか。こうして身体中くまなく調べ

てみると、非常に項目の多いリストができあがる。

好ましい身体を持っているというのではなくて「自分＝自分の身体」なのだ。**自分の身体を嫌うのは自分自身を人間として受け入れないということ**である。

それでも、実際には身体の中で嫌いな部分が、おそらくあるだろう。それが、もし変えられる部分なら、変えることを一つの目標とすればいい。

よくないと思っても変えられない部分（たとえば、脚が短すぎる、目が細すぎる、胸が小さすぎる、逆に大きすぎる、など）は見方を新しくすればよい。

「○○すぎる」ものなどは何もない。よくも悪くも脚の長短は、髪の毛の有無と大差ない問題である。

自分にとって何が魅力的かについて他人の指図は無用である。肉体的に自分を好きになる決心をしたら、自分の身体は自分にとって価値や魅力があると断言するのだ。

そうすることで、比較することや他人の意見を退けるのである。何が好ましいかを自分で決め、自己否認はもうやめるのだ。

3　幸福な人ほど「知的」になるのはなぜか？

肉体的な自己イメージにかぎらず、その他の場合にもだいたい同じような選択をすることが可能である。

自分自身の基準に当てはめて考えれば、自分を知的だと思うこともできる。事実、**幸福になればなるほど人は知的になる**ものだ。

たとえば数学や外国語などの分野が苦手なのは、今までに行なってきた選択の当然の結果として、そうなったにすぎない。こういう課題のうちどれでもいい、勉強や練習に十分な時間をかけようと決めさえしたら間違いなく上達するだろう。

自分を過小評価しているとしたら、それはそういう考えを受け入れてしまったからだ。**学校の成績のように常に変化するものを基準にして自分と他人とを比較するから**である。

こんなことを言うとびっくりするかもしれないが、人は自分の望むとおりに頭をよくすることができる。才能は資質よりも、どれだけ時間をかけるかに負うところが大きい。

標準学力検査の成績基準を見てみよう。

この基準が示すところによれば、一年生レベルで優秀な生徒が取る得点を、高学年レベルでは大多数の生徒が取っている。また、なかには他の生徒よりもかなり早く習得する生徒もいるが、最終的にはほとんどの生徒が各学習課題を習得する。

ところが、ある技能を完全に習得するのに、他人より時間がかかる生徒には、ただそれだけのことで「不可」というレッテルが貼られてしまう。この点に関して、ジョン・キャロルは「学校における学習形態の一モデル」という論文の中で次のように述べている。


適性とは、学習すべき課題を習得するのに要した時間の総和である。

この公式的記述が暗に示しているのは、十分な時間が与えられれば、どんな生徒でも課題を習得できるという仮説である。


十分に時間をかけ、かつ努力をすれば、決心しだいでどんな学問上の技術もほとんど習得できるということだ。

もっと成長するために〝自分像〟をどう修正するか

いったいどうして、わけのわからない問題を解いたり興味のないことを学んだりすることにエネルギーを費やさなければならないのか。

幸せになること、シンプルに生きること、人を愛することなどのほうがずっと大きな目標なのではないか。そんなふうに考える人もいるだろう。

ここで言いたいのは、**知性は遺伝とか、あるいは他から与えられるものではない**という点である。自分がどこまで賢くなれるかは、自分の決心しだいということだ。

いったん自分でこのレベルまで賢くなろうと決めて、もしそのレベルが気に入らないというのであれば、それは自己卑下である。自分をさげすむのは、自分自身の人生を傷つける結果になりかねない。

自分像を自分で選び取ることができるという論理は、自分の頭の中に焼きつけてある自分の姿一つひとつ、全部に当てはまる。社会生活にどの程度熟達するかは自分の決心ひとつである。

自分が今、取っている行動が気に入らないと思えば、その行動を修正し、しかもそのことと自分の価値とを混同しないようにすればよい。

同じように、美術、テクノロジー、スポーツ、音楽、その他いろいろな分野における能力はたいてい、本人の選択の結果として生じたものであり、自分自身の価値と混同してはならないのだ。

前章では、自分の感情というのは、自分の選択の結果生じるものだということを明らかにした。

本当に自分にふさわしいと思うことは何か――その信念にもとづいて自分自身を見ていこう。それは、今、自分の決心しだいでできることだ。

理想に一歩でも近づくように、軌道修正していくのはきっと楽しい作業である。自分には改めるべき点があるからといって、自分はつまらない人間だと思う必要はまったくない。

言葉の端々にひそむ「自己嫌悪」

自己嫌悪はさまざまな形をとってあらわれる。たぶん、あなたも何か自分をおとしめるような行為にかかわっているかもしれない。自己否定の範疇《はんちゅう》に入る代表的な行為をいくつか挙げてみよう。

人からほめられたとき

・賛辞を退ける（「いいえ、私なんて……」「本当に頭なんてよくありません。運がよかっただけなんです」）。
・弁解する（「美容師の腕がいいの。あの人ならどんな髪だってきれいにしてくれるのよ」「馬子にも衣装ってだけ」「緑が似合うだけだよ」）。
・自分をほめる相手のセンスを疑ったり、調子よくおだてているだけに違いないと考えたりする。

・手柄を他人に譲る（「同僚のおかげだ。彼がいなければ私なんか何もできない」「仕事は全部○○さんがやったのです。私はただそばにいて指示しただけです」）。

意見を言うとき

・他人に代弁させた話し方をする（「夫が言うには……」「母の感じ方だと……」「○○さんがいつも僕に言うんだけれど……」）。
・誰かの賛成を強要する（「間違っていないでしょう、ねえ」「僕、そう言っただろう？ そうじゃない？」「お父さんに聞いてごらんなさい。お父さんだってきっとそう言うわ」）。

日常生活で

・花や酒が好きなのに、贅沢だという理由で寄せつけない。
・欲しいものを注文しない。お金の余裕がないわけでもないのに（表向きの理由はそうだとしても）、自分には分不相応だと思ってしまう。
・犠牲になる必要はないのに、自分のものを買わずに、他の人に買ってあげなければいけないと考える。

・人が大勢いる部屋で、誰かが「おい、そこのバカ！」とどなったりすると、つい振り向いてしまう。

▽人づき合いの中で

・人をバカにするような愛称で他人から呼ばれ、しかも、自分でも自身をその愛称で呼ぶ（ダメ子、おバカさん、ちび……など）。

・友人や恋人に対して、ひがんだ考え方をする（「お情けでつき合ってくれているんだわ」「最初だからうまくいっているんだ。でも、僕が本当はどんな人間なのかがわかったら、きっと彼女は離れていく」「他の女の子たちにも、プレゼントをしているに決まってるわ」）。

“自己否定”を習慣化していないか

以前、私がカウンセリングした若い女性がいた。とても魅力的で、明らかに男性から引く手あまただった。それなのに、彼女は、自分の交際は一つ残らずいやな終わり方をするし、結婚はしたいけれど、そんな機会は一度もなかったと言う。

話を聞くうちに、彼女は今までの交際を、自分では気づかずにダメにしていたということがわかってきた。若い男性に好きだとか愛しているとか言われると、彼女の頭はそれを打ち消していたのだ。

「私が言われたがっているセリフだと知っていて、あんなことを言っているだけだわ」

彼女はいつも自分の価値を認めない言葉ばかりを探していた。**彼女には自分を愛する気持ちがまるでなく、そのために自分を愛そうとしてくれる人の努力をはねつけていた**のである。

彼女は誰も自分を魅力的だと思うはずがないと信じ込んでいた。なぜか。

第一に、自分は愛されるに値しないと信じきっていたからであり、そうしてどこまでも拒否し続けることによって、自分には価値がないという考えを強めていったのである。

先のリストに挙げた項目は、その多くがつまらない、些細《ささい》なことに見えるかもしれないが、それでも自己否定を示す小さな指標となっている。

「ほめられても、謙遜するのが礼儀だ」「お前は本当にとりえがない子ねえ」などと言われて育ってきたのだろう。

こういう考えを受けて、自己否定的なふるまいが今ではクセになってしまったのだ。自己否定的な態度は、会話や毎日の行動の端々にあらわれる。

何であれ、自分をおとしめるような行為をすれば、そのたびに、自己愛であれ他の人と分かち合うものであれ、愛情を得る機会を減らしてしまうことになる。

4　自分を愛せない「不幸」

自己愛の意味するところは、自分を価値ある人間として受け入れることである。受け入れるというのは、不満がないということである。

精いっぱい生きている人は決して不平を言わない。特に、岩がゴツゴツしている、空が曇っている、氷が冷たすぎるといったたぐいの不平は言わない。

受け入れるということは不平を言わないこと、幸福とは自分ではどうにもできないような事柄に関しては不平を言わないということなのだ。

不平は自分に自信のない人の慰めである。自分で自分の嫌いな部分について他人に話したところで、聞かされたほうにしてみれば、たいていはお手上げだ。せいぜい、「そんなことはないでしょう」と否定してあげるのが関の山である。

ところが否定してもらってもこちらは信用しない。それで不満な状態がずっと続くことになる。

このように、他人にグチを言っても何にもならない。それと同様に、グチを言いに来る人にグチを言わせておいても仕方がない。

一つ単純な質問をしてやると、たいがい、この無益で不愉快な態度は消えるものだ。「なぜ私にそんな話をするのですか」とか「何か、私でお役に立てるようなことがありますか」と尋ねるのだ。

同じ質問を自分自身に対してしてみると、不平を言うのは最低の愚行だということがわかってくるだろう。それは時間のムダ遣いである。そんな暇があるならば、心の中で自分をほめてやるとか、誰かに手を貸して人の役に立つとかするほうが、よほど自分を大切にすることになる。

「疲れた」「気分がすぐれない」――この二つは不平の中でも最低である。疲れているなら、それに応じた対処がいくつかあるはずなのに、気の毒にもグチを聞かされている相手に対して、ひどく失礼なもの言いである。

そうやってグチをこぼしてみたところで疲れが軽くなるわけではない。「気分がすぐれない」場合でも同じだ。

自分の気持ちを伝えれば、相手に少しでも力になってもらえそうな場合についてはそうすればよい。今、問題としているのは、グチられたところでただがまんして聞く以外は何もできない相手に向かって不平を言うことである。

さらに言えば、本当に自分を愛する気持ちに立ったうえで何らかの苦痛や不快を感じているなら、誰かに寄りかかって自分の重荷をともに担ってもらうのではなく、むしろ自分の力で何とかしたいと思うはずである。

自分自身のことで不平を言うのは無益な行為であり、そのおかげで効果的な生き方ができなくなってしまう。

自分を憐れむだけで、気持ちが凝《こ》り固まり、愛を与えたり受け入れたりする努力ができ

なくなる。愛情で結ばれたよりよい関係が生まれる機会も、人間関係が広がる機会も減ってしまう。

不平を言えば人の注意を引くことができるかもしれないが、そうやって注がれた人の視線という光は、自分自身の幸福の上にくっきりと黒い影を落とすものなのである。

グチの数を記録してみる

不平を言わずに自分自身を受け入れられるようになるには、自己愛と不平という相容れない二つを、ともに理解しなければならない。

本当に自分自身が好きなら、何の手助けもしてもらえない他人に不平を言うのが正しいことだとはとても思えなくなるだろう。そして、自分自身の（そしてまた他人の）嫌いな点に気がついたときに、グチをこぼすのではなく、それを直すのに必要な措置を、積極的に取れるようになるだろう。

もし、四組以上が集まる会に出席する機会があったら、試しにちょっとした調査をしてみよう。

実際に、会話がどのくらい不平に費やされるかを分類して記録するのである。自分のことに始まり、他人、できごと、物価、天候などというように。

さて、会が御開きになり、みなそれぞれ帰宅の途についてから考えてみよう。

「今夜口にされた不平のうち、何らかの成果を挙げたものが、いくつかあっただろうか」

そうして、次にグチをこぼしそうになったとき、この夜のむなしさを思い出してみることである。

5　自分の心を味方につけるもの

自己愛を身につけるためには、自分の考えと向き合う技術を身につけなければならない。**自分をおとしめるような態度を取りそうになったときには、即座にそれに気づくことだ。**

自己卑下のような態度は、ほぼ無意識下で発生し、知らずしらずのうちに習慣になっているからである。そういうときの自分に気づけば、自分の態度の背後にある考え方が正しいかどうか、疑問視できるようになる。

「本当に、そんなに頭がいいわけじゃないんだ。あのレポートでＡ（優）が取れたのは、ただ運がよかっただけだと思う」

そんな独り言をうっかりしてしまったら、すぐに気づかなくてはならない。

「あっ、これだ。自分で自分を卑下するような態度を取ってしまった。でも、今それに気づいたじゃないか。今度は二度とこのようなことを口に出さないようにしよう」

コツは、声に出して、誤りを訂正することだ。たとえば、

「今、運がよかったからと言ったが、本当は運などではない。Ａがもらえたのは、私がそれ相応に努力をしたからだ」

というふうに。これが自己愛へ向かう小さな一歩なのである。


自分をおとしめたことに気づき、態度を変えていこうと決心することだ。以前は習慣として身についてしまった自己卑下があった。しかし、**今は変わりたいという気持ちを意識し、それを実現すべく選択を行なった**のである。

これは自動車の運転を覚えるのによく似ている。最終的には新しい習慣が身につき、し

ょっちゅう意識していなくてもすむようになる。どんなことに関しても、自分を大切にするような態度がごく自然に取れるようになるだろう。

こうして自分の心を自分の敵ではなく味方として働かせれば、自己愛に根ざした行動が頭をもたげてくる。

次の項目では、自己愛を育むために、毎日実践してほしい行動を挙げていく。

あなたを大きく変える「小さな第一歩」

▽自分に好意を持って近づいてくる人たちを素直に受け入れる。愛情のこもったしぐさなどをすぐに疑ってかからない。

▽心からの愛情を抱く人がいたら、傷つくことを恐れている自分を励まして、正面きって「大好きだ」と言う。

▽レストランで、多少高価でも、本当に食べたいと思うものを注文する。自分にはその価値があるごちそうだ。どんな場合にも、自分が気に入るものを選び、気に入った品物を

持つ楽しさを味わおう。

▽一日の仕事で疲れたあとやたくさん食べたあとなどには、やるべきことがたくさんあっても、ひと眠りするか、公園を散歩したり、ジョギングしたりする。そうすれば、すっきり気分がよくなる。

▽何かのクラブに加わったり、おもしろそうな活動に参加してみる。おそらくこういうことは、仕事が多くてとても時間がないという理由から、先延ばしにしてきただろう。しかし、ときには自分の望むような人生のひとときを過ごすことも必要である。

▽嫉妬心をなくす。嫉妬はみずからをおとしめる行為である。自分を他人と比較したり、自分のほうが愛されていないと考えたりして、自分よりも他人を重要視するのだ。自分の真価を他人と比べて測っているのだから。

誰かが自分以外の人を選ぶ可能性は常にあり、選ばれなくても自分の不名誉にはならない。また、重要人物に取り立ててもらえるかどうかは、自分自身の価値を証明する手立てとはならない。この二点を心にとめておこう。

自分に全幅の信頼を置けば、他人の愛や承認といったことで、自分の価値を測る必要はなくなる。

▽自分の身体を大切にあつかう。たとえば、良質の栄養価の高い食品を選ぶ、余分な体重を減らす、散歩を習慣にする、運動をたくさんする、外に出て新鮮な空気の心地よさを味わうなどを試みてみる。

まる一日部屋に閉じこもっていたり、ダラダラと退屈な雑事にかまけていたりすると、自己嫌悪に一票を投じることになる。ただし、本当に自分が一時的に閉じこもっていたいと望む場合は、そういう選択を尊重すべきである。

▽自分にはいかに性的な魅力があるかを、自分に言い聞かせる。性生活においては、相手の快感を自分自身よりも優先させるのではなく、むしろ、自分のために性的満足を得られればよいのだ。自分が満足しようとしてはじめて、相手にも満足を与えることができる。自分が楽しくなければ、たいてい相手もがっかりする。ひと通りのプロセスを全体にゆっくりと行ない、相手にどうしてほしいのかを言葉と動作で教えてもよい。自分でオルガスムを選択することができるのである。自分は最高の性体験に値すると信じれば、必ずうまくいくはずだ。

「価値ある自分」を常に自覚する

何かをやりとげる自分の能力と、自分自身の価値を同一視しないことだ。失業するかもしれないし、ある事業に失敗するかもしれない。あれこれ自分でこなした仕事のやり方が気に入らないかもしれない。

しかし、だからといって自分には価値がないというわけではない。

自分の業績にかかわりなく、自分には何らかの価値があるということを、自覚しなければならない。この自覚がなければ、いつまでも自分自身と、自分の表面的な行動を混同することになるだろう。

自分の価値を、他人が自分をどう見るかと結びつけるのも愚かなら、外面的な業績によって決めるのも同じく愚かな行為である。

いったん、こういう混同をしなくなれば、どんなことでもやる気になるだろうし、仕事の結果だけを見て、自分の人間としての価値を決めることなど、絶対になくなるだろう。

3章

「自立」と「自尊」の精神

もっと“わがまま”に生きていい

Your Erroneous Zones

1 〝自分の考え〟はどこへいった？

あなたは人に認められたいと努力したり、あるいは認められなかったことを気にしたり――そういうことに時間を浪費しすぎてはいないだろうか。

人に認められたいと思うのは、それが必要だからというよりも、むしろ一つの欲求である。

誰でもお世辞、称賛などはうれしいものだ。心を優しくなでてもらえばいい気分になる。誰がわざわざそういったものを拒むだろうか。確かにその必要はない。称賛されることそのものは毒にはならない。事実、お世辞は甘美で快いものである。

ただ、単にそれを欲求するに留まらず、人から認められることがその人生になくてはならないものとなってしまったときにはじめて、それは「間違い」の部類に入るのだ。

人から認められたいと思ったり、賛同が得られたりしたらよいのにと思っているうちは、認められればうれしいと感じるだけである。

しかし、それが不可欠だと思い込むと、それが得られない場合には気落ちしてしまう。

そして、そんなときこそ自己破壊的な力が入り込んでくるのだ。

同じように、承認や賛同を得るのが必要事となった場合には、この人の支持を得なければならないと思う「第三者」に自分自身を預ける格好になる。その人たちに認めてもらえないと、例の金縛りが起こるのである（たとえ軽度のものでも）。

そうして、その人がちょっとほめてやろうという気になったときにだけ、内心、気分がよいのである。

他人の承認や賛同が必要なだけでもよくないことだが、何をするにも全員の賛成が必要ということになると本当にやっかいである。もし、こういう必要を抱えていると、今後の人生は、非常に悲惨なものとなる。

しかも、気力のない非人格的な自己イメージをつくりあげ、行き着くところは、自己否定である。

他人の承認や賛同を得なければ気がすまないという習慣は取り去らなければならない。

これについて疑問を差しはさむ余地はない。自己実現を果たすつもりなら、きれいさっぱり取り除かなければならないのだ。

称賛をやっきになって追い求めるのは心理的に逃げ場のない袋小路であり、自分にとって利益となるものは何もない。

心が安まるときがない「日和見人間」

生きていくかぎり、他人の同意を得られないという状況を必ず体験することになる。それはどうしても避けられないものなのである。

以前、私は、まさしく典型的な「賛成必要型の人」を治療したことがある。この男性Aさんは、議論の的となるあらゆる話題——妊娠中絶、テロ問題、環境汚染、政治等々——について、それぞれ確信している見解を持っていた。しかし、彼は自分の意見に反対されると、決まってうろたえた。そして何とかして自分の主張を相手に認めさせたいと思うのだ。

あるできごとについて義父と話をしていたときのことだ。

Aさんは全面的に安楽死に賛成する意見を述べた。と、義父が眉間にしわを寄せて、難色を示している。それに気がついた瞬間、ほとんど反射的に自分の立場を改めた。

「いや、僕が言いたかったのは、もし意識がはっきりしているうちに死なせてほしいと頼む人が現にいたとすれば、安楽死を認めてもいいのではないかということですよ」

相手が同意したと見てとると、Aさんは少し気が楽になった。

Aさんは上司に対しても、安楽死を認める自分の見解を述べたところ、猛烈な反論を受けた。

「よくそんなことに賛成できるな。人間が命をコントロールするなんて、神様気取りの傲慢なふるまいなんだぞ」

上司に拒絶されて、彼はショックを受けた。そして即座に、新しい立場に切り替えたのである。

「私が言おうとしたのは、ただ極端な場合だけについてで、たとえば、ある患者が法的に死を宣告されているとしたら、延命装置のプラグを抜いてもかまわないのではないか、ということです」

上司がこれには同意したとき、Aさんはまたもや難関を切り抜けたのだった。

弟に、安楽死についての自分の見解を明かしたときは、すぐに同意が得られた。

「やれやれ。今回は楽だった」

弟に自分の言い分を認めさせるために、立場を変えたりしないですんだのだ。

このような例はすべて、相手の反応に合わせて、ちょっとずつ自分の立場を修正するAさんのいつものやり方から拾ったものである。

彼はつき合いのあるグループの中を、自分自身の心を持たないまま動き回っている。**人から賛同を得たいばかりに、人から好かれようとしていつも自分の本心を隠しているの**だ。

これではAさんという人間は存在しない。あるのは、ただ予期できない他人の反応であり、それが彼の感じ方や話す内容までも決定してしまうのである。

Aさんは他人の思惑しだいの人間なのだ。

〝自分の色〟を失ってしまった人

他人の同意なしにはやっていけないということになると、いったいあなたにとっての真実とは何なのだろうか。いつもほめられたいがために行動し、「ほめてほしい」というシグナルを発信していると、誰もその人に対して率直にふるまってくれなくなる。

それに、「自分はこう考え、こう感じている」ということを、人生のいついかなるときにも自信をもって述べられなくなる。自分自身を、他人の意見や好みのために犠牲にしてしまうのである。

気がついてみると、今まで嫌われたくないと思う人には意見を合わせてきたのではないだろうか。もし非難でもされたらいやな気分になるとわかっていたので、それを避けようとして自分の態度を変えてきたのである。

非難をうまく処理するのが面倒なのにくらべて、賛成してもらえるような態度を取るのは簡単である。

しかし、この簡単なほうを選ぶと、**自分で行なった自己評価よりも、自分に対する他人の意見のほうが重要であると見なすこと**になる。つまり、人の意見に支配されるということだ。

これを避けるには、他人の承認や賛同を得ないと気がすまないという自分の気持ちはどこから出てくるのか、その原因を探ることが重要である。

次の項目でそのプロセスをたどってみよう。

2　こんな「自分本位・利己主義」なら

他人の賛同なしには生きづらい世の中になっている。

「独りよがりになってはいけない。まず誰か他の人の意見を聞いてみなさい」

われわれは、他人の賛同を求める行為を、生活の基準としてますます強化していく。

「自分の頭で考えた自主的な思考」というのは、そうする習慣がないというだけでなく、社会を形成する制度そのものの〃敵〃なのである。この社会で育った以上、あなたもこういった属性が染み込んでいるはずだ。

「自分という存在を疑え」というのが他人の賛辞を必要とする態度の本質であり、私たちの生活の支えなのである。他人の意見のほうが自分の意見よりも大切だとするなら、人に認められなかったり賛同が得られない場合には、意気消沈し、自分には価値がないと感じたり、気が引けたりするのも当たり前である。

逆に、賛同を示すことによって、他人をおだて、うまく操ることもできる。

自分の価値が他人に委《ゆだ》ねられているのだから、もし同意してもらえなかったら何も手に入らない。価値のない人間になってしまう。**お世辞が必要になればなるほど、お世辞に目がくらんで、他人にうまく操られる人間になってしまう**のである。

自分自身を認め、他人の評価がなくてもぶれない自分になるには、とりもなおさず他人の支配から遠ざかることである。

このような生き方こそが健全なのであるが、こういう生き方を実践しはじめると、「利己的だ」「思いやりがない」「身勝手だ」などとレッテルを貼られ、結局はもとの他者依存的な立場を保つように足を引っ張られるだろう。

しかし、真実はこうだ。

どれほど私たちの人生が「他人に好かれなさい、ほめられなさい、認められなさい」といったおびただしいメッセージに、支配されているか考えてみればよい。

先に述べたような、私たちを操る悪循環を理解できるであろう。この種のメッセージは子どものころに始まり、現在もなお、私たちを攻め立てている。

3　この癖《くせ》がわが子を「自滅」させる！

発育期にある小さな子どもは、自分にとって重要な大人（両親）に自分のことを受け入れてもらわなくてはならない。

しかし、両親の同意は、「子どものその行動や考えが適切かどうか」にもとづいて下されるべきではない。

また、子どもは自分が言ったり、考えたり、感じたり、行動したりすることを、いちいち両親に賛成してもらう必要もないのである。**同意を求めることと愛を求めることを混同してはならない。**

だが、ごく小さなうちから、子どもにどんどん同意を与えてやれば、大人になったときに、他人に認められたり同意を得られないと気がすまなくなったりすることがなくなる。

その子が成長した後も、まず親の許しを得なければ何もできないとしたら、自己不信の種が小さいころに植えつけられたのだと言える。

ここでは、他人の同意を必要とする気持ちは自滅的なものであるとしてとらえているが、子どもが父親や母親に同意してもらわないでは、何も決められないような場合のことを指している。

親の愛情を求めるという、ごく健全な気持ちはこのかぎりではない。

依存心を助長させてしまう〝間違いだらけの善意〟

現代では、子どもは自分の判断を信じるよりも、他人の意見を聞けと教えられる。

「何でも、お父さん、お母さんに見てもらいなさい」

「何を食べるの?」「いつ?」「どれくらい?」――「それはお母さんに聞きなさい」

「誰と遊べばいいの? いつ? どこで?」

「部屋は、ちゃんとこういうふうに片づけなさい。服はフックに掛けて、ベッドはきちんと片づけて、おもちゃはおもちゃ箱にしまって……」

という具合である。

元来、子どもたちは、「他人に認められなくては気のすまない依存的な人間」という型にはまるのをいやがる。子どもたちと接している人なら誰でも、こういう例を数多く見ているはずだ。

自分の子どもにトイレのしつけをした経験について語ってくれた人は、数えきれないほどいる。そういう親たちの話によるとこうである。

子どもは自分に何が求められているのか、わかっているようだという。そして親たちには、子どもは自分の身体の筋肉をコントロールできるということがわかっている。

しかし、彼らは強情に、わざと従おうとしない。これが、親の同意を必要とすることに対する、最初の反抗である。子どもの心はこう言っている。

「何を食べなさい、何を着なさい、誰と遊びなさい、いつ眠りなさい、いつ入ってきなさい、どこそこにおもちゃをしまいなさい。そればかりじゃない、何を考えなさいと命令することだってママにはできるだろう。でも、僕はこうするんだ。僕がこうしたいんだから」

父母の同意を得ることに対する反抗が、成功する最初の例である。

子どものころというのは、自分一人で考え、自分を頼りたいと思うものだ。

小さいころは、上着を着るのに父親が手を貸そうとすると、「自分でする！」と言ったりする。が、そんなときに親が言うのは、「貸しなさい。待ってる暇はないんだから」とか「お前はまだ小さすぎるから」という答えである。

この自主性のきらめき、自分自身でありたいという欲求——子どものころはこんなにも生き生きとしていたものが、往々にして父親や母親に頼ることで色あせてしまうのである。

「言うことを聞かないと、お父さんもお母さんも承知しないわよ」

「パパとママがダメといったらダメ」

——家族ぐるみで、**“善意”という形をとって、依存心と他人の同意なしでは生きていけない性質を育てている**のである。

親は子どもたちにどんな不幸も起こらないでほしいと願って、子どもを危険から守ろうとする。しかし、その結果は親の思惑とは裏腹になる。

武器がなければ兵器庫は成り立たない。同じ理屈で、戦い（自分が起こした論議にけりをつける、侮辱に対して抗議をする、名誉のために戦う、自活するなど）に際して、自分を頼りにする手立てがわからなければ、一生、自主的にふるまうことはできない。

親子関係において、承認というものは、おのずから与えられるべきであるのに、誰かを喜ばせることと引き替えに、獲得するものになってしまった。

もちろん、人に認められたり賛同を得たりすることはどうでもよい、と言いたいのではない。

重要なのは、**子どもを認めてやったり同意を示したりするのなら、何か立派な行ないをしたごほうびとしてではなく、こだわらずにたっぷり示すべきだ**という点である。

子どもに、自己尊重と他人の評価とを混同させるようなことを、そそのかしてはならないのである。

4 「鉄の意志」をつくるもの

人間関係の難しさの一つは、簡単に言えば、全員の気に入るようにはできないということだ。事実、五〇パーセントの人が気に入っているのなら、非常にうまくやっていると言える。

これは不思議でも何でもない。事実、**自分がかかわっている世間の人の少なくとも半数は、あなたの言うことに全面的に賛成するわけではない**。これが正確なら、自分の意見を述べるときは常に、だいたい半々の確率で反対を受ける可能性があるわけである。

こういう知識を武器として持っていると、他人の反対にも別の方向から光を当ててみることができる。自分の言うことに誰かが反対したとき、それで傷ついたり、コロコロ意見を変えたりしないで、自分に同意しない五〇パーセントの人間の一人に出くわしたのだと思うようにすればよい。

自分が感じたり、考えたり、話したり、行なったりすることには、必ず多少とも反対があるものだと心得ていれば、絶望しなくてすむ。反対があることを予期していれば、そのために傷ついたりはしなくなるだろうし、同時に、自分の考え方や感じ方が否定されたのは自分自身が否定されたことと一緒だ、などと考えなくなるだろう。

人の反対を避けて通ることはできない。どんな意見に対しても、それとはまったく逆の見方というものがあるのだ。

いったい、誰のための人生か！

自己否定同様、他人に認められようとする態度も、広い意味での自滅的な行為のもとになっている。次に、他人に認められようとする行為の中で、もっともよく見られるものを挙げてみる。

・誰かが不賛成の様子を見せると立場を変えたり、自分の信じる意見を改めたりする。
・他人の不興を買わないように言葉を飾る。
・誰かに気に入られるためにおべっかを使う。
・他人に反対されると、元気がなくなったり心配になったりする。
・他人が自分とは反対の感想を述べると、侮辱またはいやがらせを受けたと感じる。
・他人に「お高くとまった奴」とか、「うぬぼれ」とかのレッテルを貼る。別の言い方をすれば、要するに「私に対してもっと敬意を払え」ということである。

・相手の言うことが全然納得できないのに、必要以上に賛成したりうなずいたりする。
・人のために雑用をやりながら、そんなことをするのはいやだと言えない自分に腹を立てる。
・嫌われないようにするために、心にもないことを言う。
・死、離婚、盗みなど、いやなニュースをばらまいて、人の気を引いておもしろがる。
・どんな場合にも謝ってばかりいる。必要以上に「すみません」と言うのは、人に許してもらい、いつも認めてもらおうという心づもりである。
・人の注意を引く目的で人と違ったふるまいをする。たとえば、スーツにテニス・シューズをはいたり、食べきれないくらい山盛りのマッシュ・ポテトを食べてみたりする。こうして人に注目してほしいと思うのは、やはり他人の承認を求めているからだ。
・全然知らないのに知っているふりをして、他人に強い印象を与えようとする。
・人に認められる立場に自分を置くことによって賛辞を得ようとする。うまくいかないと落ち込む。
・尊敬する人が自分と逆の考えを持っていて、その考えを聞かされたりすると気分がふさぐ。

見てのとおり、こんな具合にどこまでも続けることができる。他人の承認や賛同を求めるという行為は文化的現象であって、この地球上どこへ行ってもすぐに目につく。

この行為が嫌悪感を起こさせるのは、その人がそれなしにはいられなくなった場合だ。そうなれば、自己を放棄し、自分の感じ方に対する責任を相手の掌中に渡すことになる。

5　無心に生きる

ここでちょっと、想像してもらいたい。

あなたは心から、みんなに認めてもらいたいと願っていて、実際それが可能であると想定しよう。さらに、これは健全な目標であるとしよう。

これらの点を心に留めたうえで考えてもらいたい。この目的をかなえるには、どのような方法がベストで、もっとも効果的だろうか。

この問いに答える前に、今までに知っている人物の中で、もっとも他人に認められていると思われる人について考えてみよう。

それはどんな人だろうか。どんなふるまいをする人だろうか。その人のどんなところがみんなを引きつけるのか。

私たちが心に描くのはおそらく、飾らない、率直で正直な人、他人の意見にむやみに左右されず、自分を発揮できる人、結果にとらわれずに、ものごとをありのままに語る人だろう。

また、おそらく、如才なさとか駆け引きよりも、誠実さのほうが大切だと思う人である。他人を傷つけるような人ではない。腹の探り合いや、他人の感情をそこねないことにばかり気をつけるような会話とは縁がない人なのだ。

何という皮肉！

一番他人の賛同を得そうな人は、決して賛同を求めず、望まず、そんなことに心を奪われたりしない人なのである。

だから、他人の賛同を得たいのなら、皮肉なことだが、賛同を得たがらないこと、そのあとを追いかけないこと、みんなに賛同を要求しないことがもっとも効果的な方法なのだ。

言うまでもなく、やることなすこと全部に、みんなの賛成が得られることはありえない。

しかし、自分は価値のある人間だと思っていれば、賛成が得られない場合でも決して落ち込むことはない。

人はそれぞれ考え方が異なるのだから、他人の反対はこの地球で生きるかぎり、当然起こりうるのだととらえよう。

6 自立への出発

では、実際に人の反対にあったときには、どう対策を講じればよいか。

何かポジティブな考えに目を向ける以外にも（これが、私たちが用い得るもっとも効果的な手段ではあるが）、利用しうる奥の手をいくつか挙げておこう。

▽反対にあったら、今までと違った応答をしよう。
今まで「私」という言葉で始めていた弁解を「あなた」という言葉に置き換えてみる。

たとえば、自分の言うことに父親が賛成せず腹を立てているとする。こういう場合に自分の立場を変えたり弁明したりするのではなく、こんな具合に答えてみるのだ。

「お父さん、あなたは少し気が立っている。お父さんは私の考え方がまちがっていると思っているのですね」

このように客観的に見ることで、反対するという行為の主体は父親であって自分ではないという事実を心に留めておくことができる。この「あなた戦術」は、どんな場合にも利用できるので、テクニックをマスターしてしまえば驚くべき効果を発揮する。

あなたはいつもの癖で、つい「私は」とか「私が」という言葉で主張したくなるかもしれない。しかし、いつまでも「私」を主語にしている限り、相手の賛同を得るために、自分が今言ったばかりのことを弁解したり変えたりする立場に立つことになってしまうのである。

▽自分の成長に役立ちそうな事実を提供してもらったら、たとえ気に入らない事実であっても提供してくれた人に感謝すること。

たとえば夫に、「お前は内気で神経質だ、そういうところは気に入らない」と言われたとする。そのとき、夫に気に入られようとするよりも、それを指摘してくれたことに対して、感謝するだけでいい。すると夫の賛同を求める気持ちなど消し飛んでしまう。

▽あえて他人の反対を歓迎すれば、反対にあってもすぐに腹を立てたりしない自分をつく

ることができる。

必ず反対しそうな人に目をつけ、その反対に毅然と立ち向かい、それでもなお自分の立場を穏やかに保つように意識する。そうすると感情的にならず、しかも自分の意見を変えずにいることが、しだいに得意になる。

▽反対を受けたら、次のような質問を自分に対してしてみること。

「もし、この相手が賛成してくれたら、もっと気分がよくなるだろうか」

その答えは明らかに「ノー」である。相手がどう考えようが、こちらにその気がなければ何ら影響は受けないはずである。さらに、上司や好きな人など、自分にとって大切な人たちに気がねなく反対意見が述べられれば、よけいに気に入ってもらえるものだということがきっとわかるだろう。

▽大勢の人が自分を理解してくれることはないだろう。しかし、それはそれでかまわないというシンプルな事実を受け入れる。

逆に言えば、**自分の身近にいる大勢の人を理解することもない。またその必要もないのだ。他人が自分と違っていてもかまわない。**私たちに理解できるもっとも基本的な事実は、「自分は他人のすべてを理解できない」ということなのである。

▽自分の立場の正当性を主張したり、誰かに納得させようとしたりせず、ただそれを信じる。

▽自分が述べた事実を夫や妻、あるいは他の誰かに確かめて、裏書きしてもらうことをやめる。たとえば次のように。

「ねえ君、そうじゃない？」「そうだったわね、あなた」「○○さんにも聞いてごらんよ。きっとそうだって言うよ」

▽自分が今言ったことに対して、本当に悪かったと思っていないときでさえ、ついつい謝ってしまうのをやめるようにする。

謝ることは許しを求める口実であり、許しを求めることは、承認や同意を求めることなのである。謝るのは時間のムダである。

誰かに許してもらわないうちは気分が落ち着かないというのなら、自分の感情をその人たちに支配されているわけである。悪いと思ってもいないのに謝るという行為は、自分の感情を他人まかせにする一種の病気である。

▽人が集まる機会に何回くらい自分の話が中断されるか、そのグループの一人と同時に話したとき、いつも自分のほうが折れるかどうか観察してみる。

他人の賛同を求めないと気がすまないという習慣は、気の弱さという形で表れるかもしれない。会話の中でたまたま邪魔が入ったときは、その行動に対し、はっきり「私の話はまだすんでいません」と言えばよい。

「甲斐のある人生」を満喫するための〝入場券〟

他人の称賛や賛同を一切排除するというところまで行かなくてもよいが、期待どおりの賛同の言葉が得られないからといって、たとえどんなにわずかでも金縛りになってしまわないよう努力することだ。

そのためには、称賛が得られない場合の痛手に対して免疫をつくることである。

禁煙しようとしている人が、一服し終えたばかりのときに自分の決意のほどを計ってみても始まらない。

これと同じで、**反対されてみなければ本当に自分を試すことにはならない**のである。まだ頭に血がのぼらないうちは、嫌われても平気だとか、みんなに賛辞を要求するつもりはないとか、何とでも言える。しかし、実際に言い合いになってみると、こんなはずではなかったと思うものなのだ。

何しろこの世に生まれ落ちたときから、他人の承認や賛同を必要とすることに慣らされてきているのだから、この思い違いをなくすにはかなりのトレーニングが必要だろう。

しかし、どんな努力をしても、それに見合うだけの価値のあることだ。

人は誰でも反対に直面したときに、多かれ少なかれ失望する。

しかし、その失望に対して免疫を持つことこそ、人生を自由にしてくれるのだから。

4章

「きのうの自分」を超える
「できない」理由を探すな

Your Erroneous Zones

1　自己成長を阻むもの

自分はいったい誰なのか。自分自身を何と呼べばよいのか。

この二つの質問に答えるためには、たぶん自分の経歴、つまり今までに送ってきた過去の生活を振り返らなければならないだろう。

人間は過去に確実に縛られていて、そこから抜け出すのは難しいものだ。

自分自身を語るのはどんな言葉だろうか。今まで集めてきた気のきいた小さなレッテルだろうか。それとも自分を定義する言葉がぎっしり詰まった引き出しがあって、そういう言葉を一定の基準に合わせて使い分けているのだろうか。

私は神経質である、私は内気である、私はズボラである、私は音痴である、私は不器用である、私は忘れっぽいといったレッテルがある一方、たぶん、ポジティブな「私は○○である」もたくさんあるだろう。

たとえば、私は誠実である、私はブリッジがうまい、私は人当たりがいい、といった具合だ。

自分を語る言葉そのものがいけないわけではない。ただ、使い方しだいでは有害になり得る。レッテルを貼るという行為自体が、成長を妨げる一つの要素なのかもしれない。**ずっと変わらずにいることを正当化する手段として、レッテルを利用するのは簡単**である。哲学者のキルケゴールはこう書いている。

> **もしもあなたが私にレッテルを貼るのなら、**
> **それは、私の存在を否定することになる。**

レッテルに合わせて生きなければならなくなったとき、その人自身は存在しなくなるのだ。

自分で自分にレッテルを貼る場合についても同じことがいえる。これからの可能性よりも、自分のトレードマークのほうに気をとられていると、自分自身を否定することになりかねない。

過去の鎖を引きずる「停滞人間」

自分自身に貼るレッテルをつくり出すのは、その人の経歴による。しかし過去とは、作家のカール・サンドバーグが『エイブラハム・リンカーン1　大草原時代』に書いているように、「バケツ一杯の灰」なのである。

自分がどの程度、過去に縛られているのかを調べてみよう。

次に挙げる四つの言葉を使った結果として、自滅的な「私は○○である」というセリフが生まれてくるのである。これらはどれも不安に縛られた言葉である。

❶ 私はそういう人間である。
❷ 私は今までいつもそうだった。
❸ それはどうしようもない。
❹ それは私の性分である。

この四つは一つにまとまって、私たちが成長し、変化し、自分の人生を新鮮でおもしろいものにし、一瞬一瞬を充実させていこうとするのを阻んでいる。

あるおばあさんは、毎週日曜日、家族を食事に呼ぶとき、自分のルールどおりに料理をきちんと取り分け、それぞれの食べる分量を正確に決めてしまうのである。それぞれに肉二切れ、豆をスプーンに一杯、ポテト一盛り、といった具合である。

「どうしてそんなふうにするの」と聞かれると、

「いつもそうしてきたからだよ」と答える。

「なぜ?」

「それが私の流儀だから」

自分の行為に対するおばあさんの理由づけは自分自身へのレッテルであり、それはいつもそういうふうにふるまってきたという過去の経験から生まれたものなのである。

自分の取った態度に直面させられると、先の四つの表現を全部いっぺんに使う人もいる。「どうしていつも焦っているのか」という問いに、こう答える人もいるかもしれない。

「私はそういう人間なんですよ、今までいつもそうでした。本当にどうしようもないんです。性分でしてね」

やれやれ、四つ全部いっぺんに使ってある。

そしてその一つひとつが、**なぜ自分が変わろうとせず、変わることを考えようともしないのか、その言い訳**である。

自分を打ち消すような行為について「私は○○である」と述べた表現は、もとをたどれば過去に身につけたものに行き着く。つまり実際にはこう言っているのも同じである。

「これからも、今までどおりの流儀でやっていくつもりだ」

しかし、自分を過去に結びつけている綱をほどき、今までと変わらない自分でいるための表現をやめていくことはできる。

自分なりの「私は○○である」という表現のリストを思い浮かべてみればよい。

問題はどのレッテルを選ぶかではなく、とにかく自分にレッテルを貼ろうとする行為自体である。

こういうレッテルのどれかに本当に満足がいくのなら、それはそのままにしておけばよい。しかし、この中のいくつかでも、あるいはここに挙げなかった表現でも、邪魔になるものがあるのなら、少し変化をつけてみる潮時である。

まず、「私は○○である」という発想がどこから生まれるのかを理解することにしよう。

2 「思い込み」の中の自分像

「私は○○である」という発想を生むレッテルづけは、二つのタイプに分かれる。

第一のレッテルは、子どものころに他人によって貼られたレッテルをつけたまま、今日《こんにち》にいたったというもの。

第二のレッテルはみずから招いた結果で、面倒な仕事をしないですまそうとするために生じるものである。

実際のところ、前者のほうがはるかに優勢である。

ある小学校二年の女の子。毎日、絵の教室に通い、とても楽しそうである。

ところが、あるとき彼女は、先生からあまり絵がうまくないと言われてしまう。それからというもの、人に認めてもらえないのがいやで彼女は絵の教室へ行かなくなってしまった。そして間もなく、「私は○○である」が始まる。

「私は絵が上手じゃない」

絵から遠ざかっているうちにこの考えは強まっていく。大人になって、なぜ絵を描かないのかと尋ねられると、「だって、上手に描けなくて。小さいころからずっとそうだったの」と答えるようになる。

「私は○○である」という表現のほとんどは、以前、人に何か言われたことがどこかに引っかかっていて、それが外に出たものである。

たとえば、「あの子はちょっとぎごちないのよ。兄さんのほうは体操が得意なのに、あの子は勉強家タイプね」「お前は私によく似ているね、私も書き取りは大の苦手だったのよ」「あの子はいつも引っ込み思案な子だったわ」「あの子は父親にそっくりだわ。父親は、まともな音程で歌えなかったのよ」など……。

こういうセリフが母体となって「私は○○である」が生まれ、いったん生まれた「私は○○である」という表現は、その後、疑問を投げかけられなくなってしまう。つまり、ある種の生き方の状態として、すんなり受け入れられてしまうのである。

「私は○○である」を連発するようになった一番の責任はこの人たちにあると思われる人（親、昔から家族ぐるみでつきあっている友人、昔教わった先生、祖父母など）と話をしてみよう。

そういう人たちに、自分がどういうふうにして今の自分になったと思うのか、自分は小さいころからいつもそうだったのか、尋ねてみるといい。

そして、自分はこれから変わるつもりであると伝え、相手がそれを可能だと思うかどうか、反応を見るのである。

驚くほど、相手には相手なりの見方があり、これから変わるはずがないと思っているものである。何しろ「お前は小さいころからいつもそうだった」のだから。

みずからの成長を止めるものの言い方

二番目の「私は○○である」が生まれるもとは、いやな仕事を避けるために自分からそうしようと思った、都合のよいレッテルである。

私の同僚に、おもしろくない仕事に手を出さないために、「私は○○である」を使う男性がいる。携帯電話やパソコンも持たない、不愉快な雑用は何もしない。その理由を妻にはひと言こう言うだけである。

「わかってるだろ？　僕は機械に弱いんだよ」

この手の「私は○○である」は適応性はあるものの、やはり妄想的な言い訳である。「こういうことをするのは退屈でおもしろくないから、今のところはしないでいよう」（これなら完全に論理的だし健全である）と言う代わりに、「私は機械に弱いのだ」というセリフを持ち出すほうが簡単である。

このような場合、皆それぞれに**「この分野では、私は成長の余地はない。これから変わるつもりなどまったくない」**と言っているのだ。

自分という存在は、もう完成されており、すっかり片づけられて、成長は止まってしまっている。だとすると、「私は○○である」にしがみつきたくなるのも当然といえば当然かもしれない。

しかし、「私は○○である」の中には、自分自身を制限してしまうような、自己破壊的なものもあるのだ。

3 「口癖《ぐせ》」が自分の器を決める

次に挙げるのは過去の遺物とも言うべきレッテルである。このうちのどれか一つでも自分に当てはまるとしたら、それを変えたいと思うだろう。

どの分野でもよいが、**まったく今のままの自分でいようとするのは、死にも等しい選択**をすることになる。

心に留めておいてほしいのは、ここでは、ただつまらないだけではなく、多くの楽しみと、ワクワク感、感動を与えてくれる行動を取らせまいとする態度について、考慮しているのだという点である。

❶ 私は数字に弱い、文章が下手、語学が苦手である

この「私は○○である」は、自分が今後変わっていくのに必要な努力は払わないということの宣言になる。こういう分野に関して「私は○○である」を使うのは、もともと難し

いとか退屈だとか思っていた科目をマスターするといったような、大変な仕事をしないですまそうというのが目的である。

自分には才能がないというレッテルを貼っている限り、それに取り組まずにいられるからだ。

❷ 私は料理、スポーツ、図画など、技術を必要とする分野が不得手である

この「私は○○である」によって、将来この分野に属することは一切しなくてもよくなるし、また過去のできごとに対しても申し訳が立つ。

「私はいつもそうだったし、そういう性分なんです」

こういう態度を取ると、ますますものぐさになる。さらによくないのは、上手にできないなら挑戦すべきではないといった、バカげた考えを抱くようになることである。下手にやるより、しないですますほうがよいというわけである。

❸ 私は内気である、気むずかしい、神経質である、怖がりである

こういう「私は○○である」の根拠となるのは遺伝である。「私は○○である」と、そ

れを支える自己破壊的な考え方を疑問視するよりも、今までの自分の生き方を正当化したいがゆえに、すんなり受け入れるのである。

また、今の自分の「私は○○である」という状態の言い訳に、親を利用するのだ。要するに、原因は親にあることを理由に自分は変わろうとしないのだ。

ここに挙げた例は性格に関するものだが、このように自分を定義してしまえば、自分を変えるというやっかいな問題を避けることができる。自分の性格を、都合のよい「私は○○である」という表現ではっきりさせるだけで、あとは無責任に自分にはコントロールできないものとして弁解できる。

こうして、自分自身の性格は自分で選択できるという考えを否定し、その代わりに、自分の性格として認めたくないような特徴は全部、遺伝のせいだから仕方がないとして片づけている。

❹ 私は不器用である、人と同じにはできない

子どものころに覚えたこの「私は○○である」のおかげで、運動音痴だといってバカにされるかもしれない恐れから逃げることができる。もちろん、うまくできないのは、運動

そのものを避けてきたせいであって、生まれつき才能がなかったせいではない。練習をすれば上達するが、やめてしまったからできないだけだ。

いつまでも「私は○○である」と言い続け、サイドラインの外側から他人を眺めては、「でも、本当は運動なんて好きじゃないんだ」というふりをし続けている。

❺ 私は魅力的ではない、醜い、太っている、身体が貧弱である

こういう肉体的な「私は○○である」を使うと、異性との関係であえて挑戦する必要もないし、自分のイメージの悪さと恋愛経験のなさを正当化することもできる。

こんなふうに自分自身にレッテルを貼っている以上、恋愛関係に際して自分を危険にさらさないことの言い訳はいつもできている。

自分を魅力的に見せようという努力もしなくてよい。鏡を見て、自分に浮いたチャンスがないのはこのせいだと正当化する。

ただ一つの問題は、私たちはたとえ鏡の中でも「自分が見ようと思うものを見るのだ」という点である。

❻ 私は忘れっぽい、不注意である、無責任である、無感動である

この種の「私は○○である」が特に役立つと思われるのは、何かうまくいかない行為に対して自分の立場を正当化したい場合である。

この思い込みのおかげで、記憶力とか不注意を何とかしようと思わずにいられるし、例の「私はそういう人間です」というレッテルを貼って弁解すればすむのだ。

「私は○○である」を引き合いに出しているかぎり、変わろうとする必要はまったくないわけである。いつまでもものごとを忘れてばかりいて、こればかりはどうしようもないと自分に言い聞かせていると、この先ずっと忘れっぽいままでいることになる。

❼ 私はもう年である、中年である、疲れている

この「私は○○である」を使うと、年齢を理由にして、リスクのある行動を取らなくてすむ。たとえばスポーツ大会、連れ合いに先立たれたあとでのデート、旅行などの活動に際して、ただひと言「年だから」と言っておけば、何か新しい成長をもたらすようなチャレンジをしなくてすむ。

この年齢に関する「私は○○である」には、年齢を考えるかぎり、自分はもう完成しき

った人間だという含みがある。しかし、人間は常に年を取っていくものなのに、こんな考え方では成長も新しい経験も終わりだ。

4 失敗の「悪循環」を断つ！

「私は〇〇である」を持ち出して過去にしがみつくおかげで手にするメリットは、一言で言えば「回避」である。

ある種の活動から巧みに逃れたり、性格上の欠点をごまかしたいと思うとき、決まって「私は〇〇である」で自分を正当化する。

事実、このようなレッテルばかりを貼っていると、自分でもレッテルどおりだと信じてしまうようになる。

その時点で自分は完成品、つまり何もかも終わってしまった人間となり、その後の人生を、そのときの自分のままでずっと送るものと決めつけてしまうのだ。

レッテルのおかげで、自分を変えるつらさや危険を味わわずにすむ。そのレッテルのも

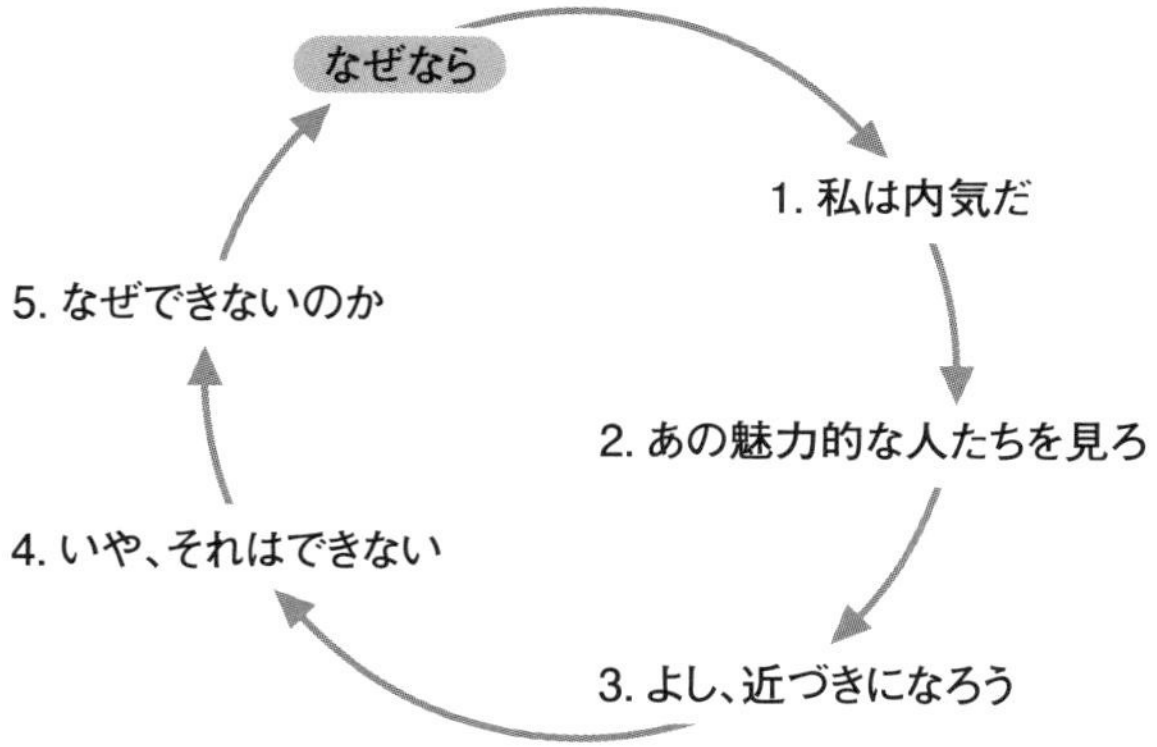

とになった態度が、レッテルのおかげでそのまま固まってしまうわけである。

たとえば、ある若者が自分は内気だと思い込んだままパーティに出かけるとする。その若者は内気な人間のようにふるまい、そのふるまいがさらに自分のイメージを裏づけることになる。まさに悪循環である。

上の図を見ればわかるように、この環の3と4の間で、行動に移らないで「私は○○である」ということで自分の行為をなかったことにしてしまうのである。

さらに、この悪循環から抜け出すのにぜひとも必要とされるチャレンジも、うまく回避してしまったのだ。

この若者が内気なのには多くの理由があ

るだろうが、その中には子どものころの体験にまでさかのぼるものもあるだろう。

不安の原因が何であれ、社会に対する警戒心を何とかする代わりに、簡単に「私は○○である」で説明してしまったわけである。

失敗を恐れるあまり、試してみようとさえしないのだ。この内気の悪循環は、自分を萎縮させてしまうような「私は○○である」のほとんど全部に当てはまる。

このように自分自身の内部にある、不安にとらわれた悪循環に目を向けてみよう。そして、自分はこの先、変わる余地のない不良品だと思っているような分野があれば、挑戦してみることだ。

過去に執着し、「私は○○である」に頼ることで手にする第一のメリットは、変化を回避できるということだ。

確かに、**自分が変わるよりは自分はこうだとレッテルを貼るほうが簡単**である。

もしかしたら、自分のレッテルの根拠を両親、先生、近所の人、祖父母などのせいにするかもしれない。

そういう人たちに、「私は○○である」の責任を負わせてしまうと、自分の現在の生活をコントロールする基準を彼らに与え、彼らを自分よりも高い位置に持ち上げることになるし、また、自分がどうしようもない状態に留まっている事実に対し、巧みにアリバイをこしらえたことになる。

また、それは冒険的なチャレンジをしないための言い訳にもなるのだ。

さらに、自分がこのようなレッテルを用いるのは「文化」の落ち度だとするならば、自分には手のほどこしようがないわけである。

そもそも人間性などというものは存在しない。人間性という言葉そのものは、人を勝手に分類し口実をつくり出すように意図されたものである。

自分という人間は、自分が行なった選択の積み重ねによってできあがったものであるから、後生大事にしている「私は○○である」というレッテルは、「私は自分で決めてこうなった」というふうに変えていってほしい。

自分は誰なのか。自分をどういう言葉で表現するのか。

もっと何か心ひかれるような新しいレッテルを考えてみよう。

使い古しのうんざりするようなレッテルのために、人生をムダにしてはいけない。

5章

「今」が最高のチャンス

「過去」に
とらわれない人の強さ

Your Erroneous Zones

1　人生における「黄金の日々」とは？

人間の一生でもっとも無益な感情が二つある。

「すんでしまったことに対する自責の念」と、「これから行なうことへの不安」である。

そう、自責と不安は、最大の時間とエネルギーの浪費である。この二つの間違った心の状態についてよく考えてみると、お互いがどのように結びついているかがわかってくるだろう。

この二つは、同じ状態の反対の極としてとらえることができる（左ページの図を見てほしい）。

自責とは、過去の行為の結果、金縛りになったままの状態で、〝今〟という時間を使うことである。

一方、不安とは、未来に起こるであろう何か——たいていは自分ではコントロールできない何か——のために、今の自分を金縛りにしてしまうという罠《わな》である。

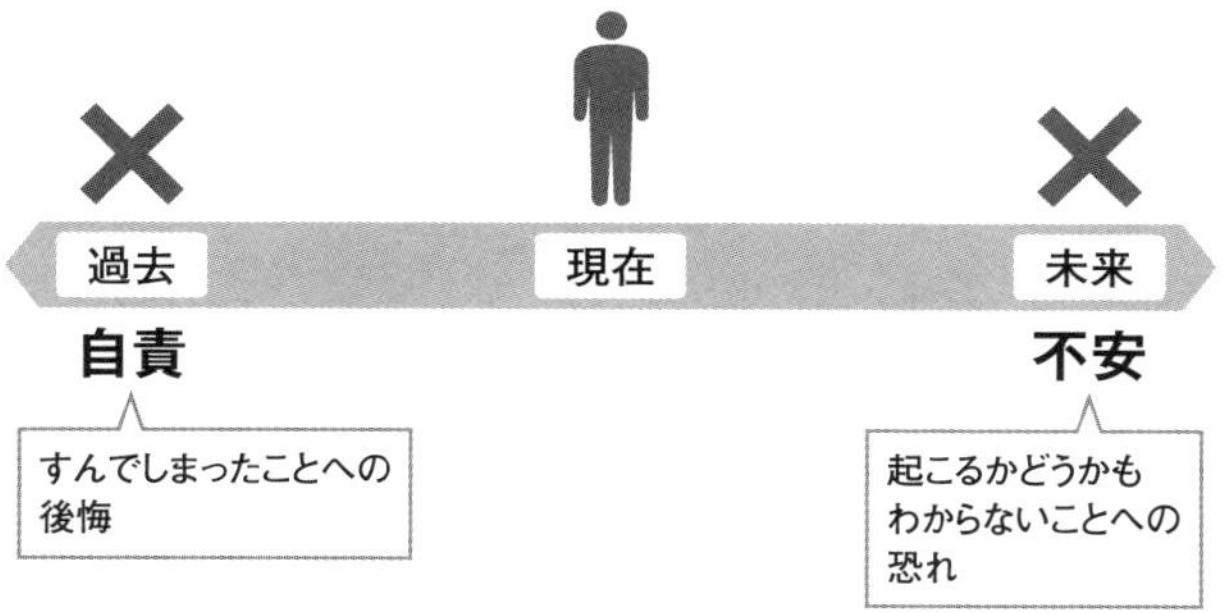

一方は過去、他方は未来に対する反応ではあるが、現在の自分をぐらつかせ、あるいは縛りつける……という意味では同じことである。

作家のロバート・ジョーンズ・バーデットは『黄金の日』で次のように書いている。

人を狂気に追い込むのは今日の経験ではない。それは、昨日のできごとに対する悔恨であり、明日起こるかもしれないことへの恐れである。

自責と不安の例はいたるところに見受けられる。「あんなこと、しなければよかった」と思いわずらったり、起こるか起こらないいかわからないことで取り乱したりする人は多い。あなたも、おそらく例外ではない。もし不安と自責の念が自分の心の大きな部分に巣食っているとしたら、そういうウイルスは殺菌し、根絶しなければならない。

自責と不安は、私たちの文化における苦悩の表れ方としてはもっとも一般的なものかもしれない。

自責の場合、気持ちは過去のできごとに集中し、自分の言動のせいで気落ちしたり腹を立てたりする。現在という時間を、過去の行為に対する感情にとらわれて過ごすのだ。不安は、今という貴重な時間を未来のできごとに取りつかれて過ごすことだ。

後ろを向いていようが前を向いていようが結果は同じである。つまり、**現在を投げ捨てているわ**けだ。

バーデットの言う『黄金の日』とはまさしく「今日」のことなのだ。自責と不安の愚かさについて、彼は次のような言葉でしめくくっている。

私には一週間のうち二日だけ、決して思いわずらうことのない日がある。恐れや不安におかされることのない、屈託のない二日。一日は昨日……そしてもう一日は、明日である。

2 「心の陰謀」に屈しない

私たちの多くは、これまで自責という感情の陰謀に屈してきた。

何かを言った・言わない、感じた・感じない、した・しないというような理由で、「あなたは悪い人間だ」という意味のことを誰かが言う。

言われたほうはその時点で後悔するという形で反応する。つまり、自責の念の製造機になっているわけだ。

不安や自責の念を覚えさせるような言葉を、何年もの間なぜ受け止めてきたのだろうか。

主として、やましさを感じないのは「いけない」ことであり、不安を感じないのは「非人間的」だと思われているからである。

それは「気にかける」という行為と関係がある。本当に誰か、あるいは何かを気にかけているのだという目に見える証拠を示そうというわけだ。これではまるで、**思いやりのあ**

る人という評価を得るために、自分の不安にさいなまれた状態を宣伝しなければならないようなものだ。

自責の念は間違った心の状態の中でも、もっとも無益なものである。

自責ということは、すでに起こってしまった事柄のために、現在の自分を縛りつけてしまうことだからであり、しかも、自責の念をいくら集めてみても過去に起こったことを変えることは決してできない。

むしろ、過去から何かを学び、ある特定の行為を二度とくり返さないと誓うだけなら、それは自責ではない。

自責の念を感じるのは、以前、ある行動を取った結果、今、行動が取れなくなっているという状態のときだけである。

自分の過ちから何かを学ぶのは健全で、成長には欠かせない要素だ。

逆に、自責がなぜ不健全なのかというと、過去のできごとに関して、傷ついたり、取り乱したり、落ち込んだりしながら、自分のエネルギーをムダ遣いしているからなのだ。

不健全であると同時に無益でもある。いくら自責の念があっても、何も元に戻すことはできない。

親子関係を歪める「犠牲」心

母親「物置きからいすを持ってきてちょうだい。もうすぐごはんだから」
息子「わかった、すぐやるよ。でも今野球を見てるから、この回が終わったら」
母親「それならいいわ、お母さんがやるから。腰が痛いんだけど……。お前はそこで楽できていいわね（と言って子どもに自責の念を起こさせる）」

息子の頭の中には、母親が転んでいすの下敷きになっている姿が浮かぶ。そして責任を感じるのだ。

「私はお前の犠牲になった」という言い方は、自責の念をうながす非常に効果的な手段である。

親のほうは、子どもに何かを与えるために自分の楽しみをあきらめた、というつらい体験を一つ残らず覚えている。

すると子どものほうは親に対する恩義を思い出して、当然のように、自分はどうしてこんなにわがままなのかと思うようになる。

母親が出産の苦しみについて話すのも、この自責の念をうながす態度である。

「お前を産むのに十八時間も苦しんだのよ」

他にも効果的なセリフがある。

「お前のためにお父さんと別れないで一緒にいたのよ」

これは、母親の結婚生活が不幸なのは、子どものせいだと思わせるように意図されたものである。

自責の念を植えつけることは、親が子どもの行動を操る効果的な手段なのだ。

「かまわないよ。私たちはここにいるから、お前たちは今までどおり、楽しくやったらいいのよ。私たちのことは気にしないで」

こういう言い方が効いて、子どもは定期的に電話をしたり訪ねてきたりするのである。

これにちょっとひねりを効かせるとこうなる。

「いったいどうしたの。指でもケガをして電話の一本もかけられなかったの?」

子どもは内心、憤りを覚えながらも、反応して動いてしまうのである。

「お前のせいで恥ずかしい思いをした」

これもうまい手である。

あるいは、「近所の人にどう思われるか！」と言うのもいい。**外部の力を結集して、子どもたちが自分のしたことをやましく思い、自分でものを考えなくなるように仕向ける**のだ。

「もし、このことで失敗でもしたら、お前のおかげで私たちの面目は丸つぶれですよ」

というふうにお門違いの自責の念をうながされると、いったん何かでしくじった場合、そのあと自分では何もできなくなることもある。


また、親の病気は、自責の念を起こさせるもっとも強力な武器である。

「お前のおかげで血圧が上がったよ」「心臓麻痺が起こりそう」などと言うと効果てきめんだ。年を取るにつれて誰でもかかるような病気のほとんどを、子どものせいにするのだ。

こんな自責の念を背負って歩くには、よっぽど心臓が強くなければいけない。何しろ、一生続くことなのだから。

特に感受性の高い人なら、親が死んだのすら自分のせいだと思いかねない。

「後ろめたさ」で愛をつなげるか

「もし私を愛しているなら」と言って自責の念を起こさせるのは、恋人を操る一つの方法である。

この戦略は、相手のある特定の行為を咎《とが》めたいときに特に有効である。まるで、愛というのは、何か正しい行為を条件として存在するような感じだ。

相手がこちらの期待に添わないときは必ず、自責の念を利用して前の状態に戻そうというわけだ。愛を裏切ったことに、後ろめたさを植えつけるのである。

長い間、口をきかない、責めるような目つきで見る、なども自責の念をうながすには有効な方法である。

「そばに寄らないで。あんなことをしておいて、私が許すとでも思っているの」

これは、相手方が浮気をした場合、よく用いられる手である。

そしてその事件から何年もたってから、当時の行動を引き合いに出すことも往々にしてある。

「三年前に何をしたか、忘れないでね」「前に痛い目にあっているのに、もう一度君を信用するなんてできると思うかい?」など。

こういうやり方で過去をあげつらうと、相手の今の気持ちを操ることができる。もし相手が過去のことをすっかり忘れてしまっていたら、定期的にその行為を持ち出して自責の念を忘れられないようにすればよいのである。

「あなたに責任感があれば、ちゃんと家に来たはずよ」とか、「君がごみを捨てるべき日を忘れたのは、これで三度目だ。自分の当番の約束も守れないのか?」

目的は? **相手を自分の望みどおりにコントロールする**こと。

方法は? 自責の念である。

学校の教師は人に自責の念を起こさせるにはもっとも強い立場にあるし、一方、子どもたちは非常に影響を受けやすいので、格好の対象となる。

次に挙げるのは、子どもたちを暗い気持ちにさせ、コントロールする言葉である。

「こんな成績じゃ、あなたのお母さんはすごくがっかりするでしょうね」

「C(可)なんか取って、恥ずかしい。しかも、君のように頭のいい子が」

「ご両親は君のためにあんなにしてくださっているのに、そんなご両親の気持ちを裏切るのか。君がハーバード大学に入ることをとても強く望んでおられるんだぞ」

「試験に落ちたのは勉強しなかったせいなんだから、これからその報いが来るでしょうね」

子どもたちに何かを学ばせるため、またはある行為を行なわせるために、学校ではよく使われる手だ。

そして、大人になった今も、私たちは学校での経験を引きずっている。

「クヨクヨ、イジイジ」をスッパリ断ち切る法

道にごみをポイ捨てする、人前でタバコを吸う、といった好ましくない行為についても、もしかすると自責の念を覚えさせられる場合があるだろう。

吸いがらや紙コップを投げ捨てたことはないだろうか。赤の他人ににらみつけられると、そういう下品な行為をしてしまったという自責の念に襲われたりする。

しかし、「あんなことをするなんて、何て自分は恥ずかしい人間なんだ」などと、自責の念を覚える代わりに、これからはマナーに反する行為はしないでおこうと、心に決めるのがよい。

ダイエットも自責の念が重くのしかかりがちな行為である。ダイエット中の人は、お菓子を一個つまむと、その一瞬の意志の弱さのために一日中後悔する。やせようと努力をしているのに、その意図に反するような行為に屈してしまったら、その失敗から学び、今現在をもっと有効に使うように努力することだ。

自責の念にかられてクヨクヨ過ごすのは時間のムダである。長い間そうやっていると、ジレンマから抜け出すためによけい神経をすり減らす恐れがある。

3 人生を取りもどせ!

自責の念を利用してあなたを操ろうとする人たちには、いくら失意を表されても、自分

はそれに翻弄されたりしないとハッキリ言うこと。

たとえば、前述の母親が、「いすは私が持ってくるから」「お前は楽できていいわね」などと、自責の念を起こさせる態度に出たら、今までとは違う答え方をするのだ。

「いいよ、母さん。ほんの二、三分が待てなくて、いすのために腰を痛めてもいいって言うんなら。僕には、どうしようもないよ」

一度言っただけでは効き目がないだろう。少し時間はかかるだろうが、無理に自責の念を起こさせることはできないとわかれば、相手の態度も徐々に変わってくる。

こうしていったん自責の念を退ければ、あなたの感情が支配されることも、人に操られる恐れもなくなるだろう。

次に挙げるのは、私が指導しているカウンセリング・グループで行なわれた会話例である。ここでは、二十三歳の女性が家を出て独立しようとしている状況設定で、母親（他のグループのメンバーが演じている）に立ち向かってもらった。

母親は思いつくかぎり、あの手この手を尽くして娘に自責の念を覚えさせ、家を出て行かせまいとする。

次の会話は、娘が母親のコントロールをいかにして退けるか、一時間の指導を行なったあとのサンプルである。

娘「お母さん、私、家を出ようと思うの」

母「何を言っているの？　そんなことしたら、心臓発作が起こりそうよ。私の心臓の具合が悪いことくらい知ってるでしょう。お前をどれだけ頼りにしているか、わかってるくせに」

娘「お母さんが心配しているのは、自分の健康のことだけよ。私がいなければ何もできないと思い込んでいるのね」

母「当たり前よ。何もできるわけがないのよ。ねえ、お前をここまで育ててやったのよ。なのに、今になってお母さんを置いて出ていくっていうの？　私にここで死ねと言うのね。お母さんのことをそんなふうにしか思っていないなら、さっさと出ていきなさい」

娘「育ててもらったお返しに私はここにいなくちゃいけない、独立して生活しちゃいけない、お母さんはそう考えているんでしょう」

母「（胸元を押さえて）ほらごらん、ひどい動悸がしてきた。このまま死ぬかもしれない。お前のせいだよ、お前のせいでお母さんは死ぬのよ」

娘「そう。死ぬなら、その前に言い残しておきたいことはないの」

この会話で、娘は、自責の念を起こさせようとする母親の態度をきっぱりと退けた。この若い女性はそれまで文字どおりの「母の奴隷」であり、独立しようといくら努力しても、いつも同じような会話にぶつかっていた。母親のほうは何としても娘を自分の支配下に置こうとしていたから、娘は新しい対処法を身につけるか、母親の奴隷となって一生を棒に振るか、二つに一つだった。

娘の受け答えに注目してみよう。娘の言葉はどれを見ても、まず母親に向けられていて、母親の気持ちに対して責任があるのは母親自身であると述べている。「私はこう思う」と言う代わりに「お母さんはこう思っている」という言い方をしているので、自責の念を覚える可能性が最小限に留められている。

この項目では、私たちの生活に見られる自責の念の、端的な例をお伝えした。
まさに、他人を操る便利な道具であり、そして時間のムダなのである。
精神医学的見地からは、不安も自責の念も一つの硬貨の裏表のようなものなのだ。

4 未来のために「今」を浪費するな！

この世の中には不安に思うべきことなど何もない。これからの人生を、未来に不安を抱きながら過ごすこともできる。けれどもいくら不安になってみても、ものごとは一つも変わらないのだ。

不安とは、将来、起こるかもしれない、あるいは起こらないかもしれないできごとがもとで、現在の自分が身動き取れなくなってしまうことである。

ただし、「不安」と「将来の計画」とを混同しないでほしい。将来の計画を立てることが、よりよい未来のために役に立つとしたら、それは不安とは言えない。

不安というのは、未来のできごとのために、今の自分が動けなくなってしまっている状況のことだ。

私たちの社会は自責の念をうながすが、それとちょうど同じように不安をも助長する。

すべての元凶は、不安や心配を、「心にかける」ことと同義だと思っている点にある。

ある人のことを心にかければ、どうしたって心配になるはずだという声がある。それからこんなセリフも耳にする。

「もちろん心配だよ、誰かのことが心にかかっているならごく当たり前のことさ」「心配しないではいられないんだ。君のことが好きだからさ」などといったセリフも耳にする。

こうしてタイミングよく、適度に心配し、相手の行動をコントロールし、自分の愛の証を立てるのである。

不安は愛情ともまったく無関係だ。愛情というのは、条件つきでなく、相手によって否応なしの状態を強いられることなく、自由な状態でいることを許すような結びつきである。

さらに、ほとんどの人が未来を思ってクヨクヨすることに、現在という時間を使いすぎている。事実、不安を抱えていると、現在においても充実した時間を過ごせなくなる。

今、地球上で生きている人間が、将来すっかり入れ替わったとき、私たちが不安を抱えて過ごした時間のおかげで何かが変わっているだろうか。

どうやらそんなことはない。

そして、**不安にさいなまれる時間を持つことが、今日一日、その不安の根本原因を改善することに、何か役に立っただろうか。**

立ったと答える人はいないはずである。

だとすれば、これも捨て去るべき心の状態である。何の得にもならないような行為のために、今という貴重な時間を浪費しないでほしい。

5　自分の「不安度」を計るものさし

次のデータは、ある日の講演会で、約二百名の成人から集めたものである。

「あなたは何に不安を感じますか」という問いに対するもっとも一般的な回答だろう。これを「不安診断票」と名づけよう。この診断票を使って自分自身の「不安度数」を探ることができる。

次の項目の並べ方は、頻度や重要度とは無関係で順不同である。カギカッコの中は不安を正当化する言葉の代表例である。

❶ 子ども「誰だって子どものことは心配だ。子どもの心配もしないようでは、いい親とは言えないのではないか」
❷ 死「死にたいと思う人はいない。みんな死ぬのは怖い」
❸ 仕事「仕事の心配をしなかったら失業してしまう」
❹ 経済「もっと経済について心配すべきだ。政治家たちは、どうなろうと気にもかけていないようだから」
❺ 心臓発作「誰だって不安でしょう。心臓なんていつ止まるかもしれないんだ」
❻ 生活の安定「将来の生活はどうなるのだろうか？　気がついたときには老後の蓄えもなくなっているかもしれない」
❼ 妻や夫の幸福「私はいつもパートナーの幸せを案じているのに、当の本人はいつまでたってもそのことをよくわかっていない」
❽ 事故「パートナーや子どもたちが事故にあいはしないかと心配するのは、ごく当た

り前のこと」

❾ 他人の評価「友人に嫌われたい人なんていない」

❿ 体重「せっかくダイエットした分、また太らないかが心配」

⓫ 金銭「あり余っているというわけじゃない。いつか一文無しになってしまったらどうする?」

⓬ 親の死「もし両親が死んだら、どうしたらいいかわからない。考えるだけでゾッとする。独りきりになるのが不安で、とても耐えられそうにない」

⓭ 天候「ハイキングの計画を立てると、雨になりそう」「スキーができるくらい雪が降るかどうか心配」

⓮ 老い「誰も年なんか取りたくない」「退職したら何をしていいかわからないし、本当に不安だ」

⓯ 飛行機の利用「墜落事故ばかりだ。この間もニュースになっていた」

⓰ 娘のこと「娘を愛している父親なら、娘がひどい目にあったりしないか、問題を起こしはしないか不安になるものだ」

⓱ 大勢の前で話すこと「大勢の人の前に出ると緊張する。何日も前から、ものすごく

不安」

⑱街へ出ること「あんなジャングルみたいなところ、何が起こるかわかったものではない。街へ出るたびに怖い」

⑲不安に感じるものが何もないこと「すべて順調に見えるけれど、ただじっと座ってなんかいられない。次に何が起こるかわからないのだから」（おそらくこれはもっとも無意味で神経症的な不安である）

6　心の大手術

不安をなくすには、不安の背後にある理由を理解する必要がある。

不安が自分の人生の大部分を占めているなら、必ず過去にそれなりの事情があるはずである。

それにしても、不安を抱くことの〝メリット〟とは何か。

不安を抱くというのは現在にかかわる行為である。だから、未来にとらわれて、現在というときを身動きできずにいるとすれば、それは**現在から逃れ、今、自分を脅かしている****あらゆるものから逃れることができる**わけである。

例を挙げよう。

もうずいぶん前の夏を、私はトルコで過ごし、カウンセリングの指導と著述に取り組んだ。七歳になる娘は妻とともにアメリカに残っていた。

書くことは好きだが、それは並々ならぬ自律を必要とする。非常に孤独で厳しい、つらい仕事であるとも思う。

用意万端整ったタイプライターに向かっていると、突然、考えが娘のことに行ってしまうのだった。

自転車で、よく確かめもしないで道路に飛び出しでもしたらどうしよう。プールではちゃんと監視がついているといいが。あの子はどうも不注意なところがあるから……。

気がついてみると、すでに一時間もたっている。その一時間を、私は不安を抱くことに使ってしまったのだ。言うまでもなくこれはまったくのムダであった。

……いや、ムダとも言えまい。不安に時間を費やしていられる間は、著述という難題に四苦八苦せずにすんだのだから。

しかし、実にたいした〝メリット〟ではある。

不安があると充実した生活は送れない。不安を抱えている人はのらくらしながら考え事をするものだが、何かをするには動き回らなければならないのだ。

不安を理由に活動しないでじっとしているのは、頭のいいやり方だし、不安な気持ちでいるほうが、活動的に何かに打ち込むことより、得るものは少なくても、明らかに楽なのである。

不安を理由にできると、無理に冒険をしなくてもいい。

「何も手につかない。○○のことが心配で心配で……」

これはよく聞く嘆きで、そのメリットは行動に伴う危険を避けて、じっとしていられるという点にある。

こうした負のメリットを得るしくみは、結婚、金銭、健康などといった分野にも当てはまる。**不安のおかげで自分は変わらずにすむ**のだ。

掬の痛みを抱えながらも、クヨクヨ思い悩むほうが、あえて真実を知り、ひいては手術をするなど、自分の病気と向き合わなければならなくなるよりも楽なのである。

もっとも不安は、潰瘍《かいよう》、高血圧症、けいれん、緊張からくる頭痛、腰痛などの原因になることがある。こういったものはメリットとは思えないかもしれないが、実際は、他人からは少なからぬ思いやりを受けるし、自己憐憫の言い訳も立つ。

健康でいるよりも、人から同情してもらうほうがいいという人も中にはいるのだ。

逆に心配することで、自分は思いやりのある人間だと思い込むこともできる。心配していればいい親なり、いい夫（妻）なりでいられるというわけだ。論理的には健全な考え方とは言えないが、これも相当なメリットではある。

さらに不安は、自滅的な行為に対する手軽な言い訳となる。

太りすぎの人は、決まって不安なときにはいつもよりよけいに食べる。こう考えると、自分は不安にかられた行動に依存しているのだ、という格好の理由を見つけたことになる。同じように、不安な状態にあるときにかぎってタバコの量が増え、その不安を理由に禁煙しないという人もいる。

さて、ここまでで自分の不安を裏づける心のしくみがわかった。今度は間違った不安を駆逐すべく、作戦を立てて行動を開始しよう。

自分が不安な気持ちでいるのに気がついたら、こう自問してみるとよい。

「私はこの瞬間を不安のために使ってしまっているけれども、いったい何から逃げているのだろうか」

そして、自分が避けているものが何であれ、それに取り組むことだ。

そう、**不安に対するベストの対抗手段は「行動」**なのである。

不安には、未来を変える力はまったくない

不安をなくす一つの手段として「不安のための時間」を区切り、それをだんだん短くするという手がある。

午前中に十分間、午後に十分間を何かについて心配する時間に当てる。

この時間を使って、起こる可能性のある不幸について時間内に収まる分だけ、あれこれ思い悩むのだ。

それから、自分の考えをコントロールする力を発揮して、その不安のための時間を超過

する不安があったら、次の「不安のための時間」まで延ばす。

そうすると、たとえわずかでもこんなムダな時間の使い方をする愚かさに、まもなく気がつくだろう。いずれ、自分の不安な部分はすっかりなくなってしまうことになる。

自分が昨日、そして先週、さらには去年、不安に思ったことを全部並べて、不安の一覧表をつくってみるのもよい。

それら不安のうち、一つでも自分にとって生産的だったものがあるかどうかをチェックする。それから、自分が心配したことのうち、とにかく具体的な形を取って現れたものがいくつあるかも調べる。

不安は、実際、二重にムダな行為だということがすぐにわかるだろう。**不安には、未来を変える力はまったくない。**

また、頭で考えた不幸も、いざ現実のものになってみると、思ったほどではなかったり、かえって福に転じたりすることが多いものである。

「私に起こりうる最悪のことは何だろう。それが起こる見込みはどれくらいか」

自分自身にそう問いかけてみれば、不安のバカらしさがわかり、それを一掃することができるだろう。

ふだん抱いている不安とまともに衝突するような行動を、わざととってみることもできる。強迫的に将来のために貯えたり、次の日の分まで十分なお金があるか、いつも不安に思う人は、所持金は今日のうちに使うということにしてみるのだ。

自分が抱いている恐怖に、生産的な考え方と行為で対処することができたらもっとよいだろう。

私の友人が、コネチカット州の沖に浮かぶ島で、一週間ばかり過ごしたときのことである。その女性はゆっくりと散歩するのを楽しみにしているが、この島には犬がたくさんいて、そのあたりを自由に走り回っているということにすぐ気がついた。

もしかしてこの犬に嚙まれるのではないか、ひょっとしたら手足を食いちぎられるかもしれない……。

犬に対する恐怖と不安があったが、彼女はそれに立ち向かう決心をした。手に石を持ち、犬が近寄ってきても恐怖のかけらも見せまいと心に決めたのだ。

犬がうなり声をあげて自分のほうへ走り寄ってきたときも、歩調をゆるめることさえしなかった。犬のほうは突進してきたものの、たじろぎもしない相手にぶつかって、あきらめて逃げていった。

危険な行為を支持するつもりはないが、恐怖や不安に対して有効な手段で立ち向かえば、自分の人生から恐怖や不安を一掃することができる。

こういったことは、不安をなくすためのテクニックの一部である。

しかし、**不安を拭《ぬぐ》い去るもっとも強力は武器は、自分の人生において、前に進もうというみずからの決意**なのである。

今を生きること、そして、今この瞬間を、過去や未来に対する考えに縛られて、ムダに過ごしている自分と向き合うのだ。

生きるべき瞬間は、〝今〟をおいて他にないのだ。

6章

「自分の知らない世界」
失敗を土台に、成功する

Your Erroneous Zones

1　人生に花を咲かせる「選択」

多くの人は、「安全」に関するエキスパートである。

つまり、未知のものを避け、常に自分はどこへ行こうとしているのか、そこに着いたら何が期待できるのかを把握していることが大事だと考えている。

私たちの社会における教育は、好奇心よりは慎重さを、冒険よりは安全を奨励する傾向にある。疑わしいことは避けなさい、自分が知っている範囲内に留まりなさい、知らないことに足を踏み入れてはいけません。……

こういう、小さいころに教え込まれたことが心理的な障害物となって、みずからの自己表現や現在の幸福を数えきれないほどの点で邪魔しかねないのである。

アルバート・アインシュタインは、その生涯をかけて、未知の世界を探検しつくした人物である。彼は『フォーラム』誌掲載の「私の信ずるもの」と題した論文で次のように述べている。

もっとも美しい経験は神秘的な体験である。それこそがあらゆる芸術と科学の真の源なのだ。

神秘的なことはあらゆる成長と感激の源である、と言ってもよかったかもしれない。

しかし、ほとんどの人々は、未知のことと危険を同一視している。人生の目的は、確実なこととかかわりを持ち、自分がどちらを向いているのかいつもわかっていることだと、こういう人たちは考える。

危険を冒して人生のはっきりとしない部分に分け入るのは、向こうみずな人間だけで、そんなことをしても最後には脅かされたり、傷ついたり、最悪の場合は覚悟もできていないのに愕然《がくぜん》とする事態に直面するのが落ちである、と。

ボーイスカウトやガールスカウトでは、「いつも備えを忘れるな」と言われたものだ。けれども、未知のことに対してどうして備えることができるだろうか。

できるわけがないのはわかりきっている。それならそんな危ないことをやらないでおけば、あとになって面目をつぶさなくてすむのだ。安全にやれ、危険を冒すな、地図に従え

――たとえ何の進歩もしなくても――というわけだ。

どんな一日になるのか、もうその日が来る前からわかっている――そんな確実性に、あなたは飽き飽きしはじめてはいないだろうか。

質問もされないうちから答えがわかっているような人生では、成長するのは無理である。

人が一番よく覚えているのは、おそらく自主的に活動し、したいことは何でもやり、神秘的なできごとへの期待に胸をときめかせているときだろう。

私たちは一生涯、確実性を奨励する声を聞いて過ごす。

まず家庭で始まり、教育者によっていっそう強化される。子どもはよけいな実験は避けるようにと教わり、未知のことにも近づかないようにとすすめられる。

迷いは禁物です。

正しい答えを出しなさい。

自分と同類の人とつき合いなさい。

このような恐るべき安全のすすめにいまだに執着しているとしたら、今こそ断ち切って自由になるときだ。

未知のものを避けている自分に気がついたら、こう自問してみることだ。

「起こり得る最悪の事態として何が考えられるか」

そうすればたぶん、**未知のものに対する恐れのほうが、現実の結果とは比べものにならないくらい大きい**ということに思い至るだろう。

自分には、新しい、先行きのわからないような行動を試してみることはできないのだといった考えは捨ててしまおう。

やろうと思えばできるのだから。

2 天才たちが必ず持っている「思いきり」

自分自身を完全に信頼しきっているなら、何をやるにしても、自分の能力を超えるものなどない。

何の保証もない領域へあえて足を踏み入れようと決心するだけで、人間に許された経験はことごとく、好きなように自分のものにできる。

天才と言われる人たち――自分の人生を最大限有効に使った人たちについて考えてみよう。

フランクリン、ダ・ヴィンチ、キリスト、アインシュタイン、ベートーヴェン、ガリレオ、バートランド・ラッセル、バーナード・ショー、チャーチル……その他にも大勢挙げられるが、こういう人たちは、海のものとも山のものともわからない新しい領域へ先鞭《せんべん》をつけた、パイオニアであり冒険者なのである。

彼らも私たちと同じ人間なのだが、ただ、**他の人があえて踏み込もうとしなかった領域をみずから進んでめぐり歩いたという点で違っている**のである。

もう一人のルネサンス的人物ともいうべきシュバイツァーは、「人間にかかわることはすべて、私と無縁ではない」と語った。

あなたは自分自身に対する見方を変え、自分の可能性として考えてもみなかったような経験を受けとめることもできるし、また反対に、棺桶に入るまで、人生を同じことのくり返しで終えることもできる。

事実、偉大な人というのはまさにこの点を私たちに気づかせてくれるのだ。そして彼らの偉大さは、その探検の質と、未知の世界に挑んだその勇気の中に認められるものなのである。

変化には不測の事態がつきものだ。

「わざわざ努力するより、自分が慣れ親しんだもので我慢するほうがいい。なぜなら変化には不測の事態がつきものだから」といった考えを捨ててみよう。

自分は弱い人間だから、未踏の領域に入ろうものなら、すぐにガタガタになってしまうという人もいるだろう。しかし、これは誤った考えである。

実は「さわらぬ神」ほど祟りがある

人間は、何か新しいものに遭遇したくらいで崩れたり倒れたりはしない。

事実、判で押したような単調な日課を少しでも減らすと、心理的な挫折が避けられるだろう。

退屈は人の気力を削ぐものだし、精神的に不健康な状態である。一度人生に興味をなくしてしまうと、いつ心が折れてしまうかもわからない。

人生にほんの少し、不確かな部分をスパイスとして加えてやれば、根拠のない憂うつなどに陥らずにすむだろう。

「さわらぬ神に祟りなし」などという考え方をしていたのでは、新しい経験に心を閉ざしてしまうことになるのだ。

耳の不自由な人が手話で会話をしている光景に好奇の目を向けても、そういう人たちと話をしてみようとは決してしない。

また、外国人に出会ったとき、その言葉を理解しようとも、何とかしてコミュニケーションを取ろうともしないで、自分の母語以外の言葉で意思を伝えるという未知の世界を遠ざけるのである。

何かをするには理由がなくてはならないと思い込んでいる向きもあろう。

「いったい何のために?」というわけだ。

バカバカしい！　やりたいことなら何をやってもよいのだ。理由は一つ、やりたいからやるのだ。他に理由はない。

自分のやることなすことに理由はいらない。何事にも理由を見つけようという考え方をすると、新しい、ワクワクするような経験からは遠ざかってしまうことになる。

子どものころは、ただ好きだからというそれだけの理由で、一時間もバッタと遊んでいられたのだ。山登りや森の探検にも出かけただろう。

その理由は？「そうしたかったから」である。

しかし、大人になると、ものごとにはちゃんとした理由をつけなくてはならないと考えるようになる。

しかし、**理由をつけたがる気持ちが強いと、なかなか心を開いたり、成長したりしにくくなってしまう。**


どんなことでも、もう二度と理由づけをしなくてもいいとわかったら、どれほど自由な気分でいられるだろう。

なぜそれをするのかと聞かれたら、相手の気に入るようなもっともらしい理由をつける必要はないのだということを思い出そう。

自分が決めたことは、ただやりたいからという理由だけで、やればよいのである。

こう考えると、経験に新しい展望が開けてくるだろう。

3　一日を、単に「一万回」くり返していないか？

自分の自発性をチェックしてみよう。

自分は何か新しいことに対してオープンだろうか。それとも習慣として身についた行動をかたくなに守っているのだろうか。

自発性とは、ただおもしろそうだからというだけの理由から、瞬間の判断で何かに挑戦できる能力を言う。

やってみておもしろくないとわかることもあるかもしれないが、その試み自体は、実際楽しかったのだ。

無責任だとか軽率だという非難を受けることもあろうが、他人の判断はどうでもよい。

自分自身、未知のものを発見するというすばらしい時間を過ごしているのだから。

社会的に偉い地位にあっても、自分から動くのはまっぴらだと思っている人がたくさんいる。そういう人たちは、柔軟性のない生き方で一生を送り、自分たちが愚かにも、何もわからずに従順な生き方をしているということには気づいていないのだ。

イエス・マンは自発的な人間ではない。未知のことを極端に恐れているだけである。彼らは他人に合わせ、言われたことだけをやる。決して挑戦したりせず、自分に期待されたことをかたくなに守り抜くのである。

柔軟性のない人間は決して成長しない。いつもどおりの同じやり方で、ものごとを片づけるだけである。

教育大学院で授業を担当している私の同僚は、三十年以上の歳月を教壇に立って過ごしてきたベテランの教師たちに、よくこういう質問をする。

「本当に三十年間教えてきましたか。それとも一年間のカリキュラムを三十回くり返してきたのですか」

読者のみなさんは、一万日、もしくはそれ以上の日々を本当に生きてきただろうか。それとも、一日生きることを単に一万回、あるいはそれ以上くり返してきたのだろうか。生きていくうえで、より自発的になろうと努力するとき、ぜひ自問すべき質問である。

柔軟性のなさはあらゆる偏見のもととなる。

偏見（prejudice）とは、つまり「先に判定してしまうこと（pre-judge）」である。

偏見の基盤となっているのは、どちらかといえば、特定の人物、考え、行動に対する憎しみや嫌悪よりも、**気心の知れた人、つまり自分と同類の人間と一緒にいるほうが楽だし安全だ、という事実**なのである。

偏見を持っていたほうが自分にとって有利に思える。何せ、偏見のおかげで未知の、もしかしたら迷惑にもなりかねない人やものや考えは寄せつけずにすむのだから。

しかし本当は、偏見は自分にとって不利になるのである。

未知のものを発見することがないからだ。

自発的になるということは、先入観を捨て、はじめての人や考えに出会い、つき合ってみようとすることである。

そもそも先入観があると、あいまいな領域を避けてしまい、成長を妨げるのだ。自分が理解できない人間のことを誰も信用しないというのは、本当のところ、よく知らない領域にいると自分自身が信用できない（自信がない）ということなのだ。

4 「計画ずくめ」の人生の結末

自発性が大事というが、それはあらかじめ計画されたものではない。

誰にも心当たりがあるだろうが、生涯を通して地図と予定表を肌身離さず、自分の人生を最初の計画からほんのわずかも変えられないという人がいる。

人生設計を立てること自体は必ずしも不健全とはいえないが、その計画にのめり込んでしまうのは本物の不安神経症である。

二十五歳、三十歳、四十歳、五十歳、七十歳などの年齢でそれぞれ何をする、といった人生設計があるのはよいであろう。

予定表を参考にして自分はどのあたりの位置にいるべきかを知るだけに留め、毎日コロコロ方針転換をしたりはせず、必要とあらば計画の変更を要するほどの強い信念を持つことはよい。

けれどもその場合は、「計画の荷」が勝ちすぎないようにすべきである。

私のクライアントで、二十代の青年Sさんという人がいた。彼は計画を立てなければ気がすまないという症状にひどく悩まされており、その結果、生活の中での絶好の機会を何度も棒に振っていた。

以前、他の州に新しい仕事の口が見つかったときもそうだ。引越しのことを考えて、Sさんはすくんでしまった。別の土地でうまくやっていけるだろうか。どこに住もうか。両親や友人のことは……。

未知の世界に対する恐怖のために、彼は文字どおり金縛りにあったように動けなくなってしまい、もしかしたら出世の絶好のチャンスだったかもしれない話なのに、慣れた場所に留まることにしたのだった。

これが、Sさんが私のところへ相談に来るようになったきっかけであった。本人も、自分がかたくなに計画にこだわるから成長できないのだと感じてはいた。しかし、それを打ち破って**何か新しいことに挑戦するのが怖かった**のだ。

予備的な面談をしてみると、Sさんは本格的な計画魔であることがわかった。

毎朝、朝食は同じものを食べ、何を着るかは何日も前から決めておき、タンスの引き出しは色とサイズ別に見事に整理していた。しかも、自分の計画を家族にも押しつけるのだった。子どもたちには、ものを置く場所をきちんと決めさせ、妻には彼がつくった厳しい規則に従うように要求した。

つまり彼は、生真面目だったが、ひどく不幸な人間だった。

彼には創造性、革新性、人間的な温かみがなかった。人生の目標はすべてのものをあるべき場所に置くことだ、と言う彼は、計画でがんじがらめの状態だった。

カウンセリングの結果、Sさんはある程度、自発性のある生き方を試みるようになった。彼は、**自分の計画への執着は、他人をコントロールする道具として、また未知の世界に入り込まずにすむ便利な逃げ道である**と認めるようになった。

まもなく、家族に対する厳しさは和らぎ、自分の思いどおりにならなくてもかまわないことにした。

数カ月後、Sさんは、引っ越しの多い職に転職したのだった。はじめは恐れていたことなのに、それが望ましいことになったのである。

今やSさんは毎日努力を重ね、儀式めいた生き方をするよりも、もっと人生を楽しもうとがんばっている。

5 「安全主義」と「冒険主義」

学校で作文の書き方を学んだことがあるだろう。まず適切な「序論」、構成のしっかりした「本論」、そして「結論」が必要だと教えられた。

運悪く、あなたはこれと同じ論法を人生にも当てはめ、生活に関することをすべてに理由づけと結論が必要だと思っているのかもしれない。

子どものころがいわば「序論」に当たり、大人になる準備をしていた期間。「本論」は青年期および壮年期で、結論に備えて、組織的、計画的に過ごす時期。そして、「結論」は老後と安らかな死である。

こうして何もかも系統的に考えると、今この瞬間を生きることができなくなるのである。計画に従って生きれば、永遠に大丈夫という保証を手に入れたような気がするだろう。

安全とは、これから何が起こるのか、わかっていること。安全とは、興奮せず危険を冒さず挑戦もしないこと。安全とは、成長しないこと。そして、成長しないことはすなわち

「死」と同義である。

しかし、どうだろう。私たちがこの世に生きる人間であるかぎり、そしてこの世のしくみが変わらないかぎり、「安全」を手にすることなどできない。

安全とは一種の幻想であり、安全を求めるのはみじめな生き方だ。確実性が感激と成長を奪ってしまうのである。

ここでいう安全とは外面的な保証、つまり金銭、家、車などの財産や、職業、社会的地位など、わが身を守る手段を指している。

しかし、これとは違った、求める価値のある安全もある。

それは内面的な安全——**自分の身に起こりうることはきっと何でも対処できるはずだという自信**のこと。これだけが唯一、永続する安全、真の安全なのである。

ものは壊れもするし、不景気になれば金など消し飛んでしまう。家も人手に渡ることがある。しかし、自分自身は頑として自尊心を持ち続けることができる。

自分と自分の心の強さを信じることができれば、物質や他人は、自分の人生にとっておもしろくはあっても、表面的な添えものにすぎないとわかるだろう。

ちょっと想像してほしい。

たった今、この瞬間、この本を読んでいるときに、誰かが突然襲いかかってきたとする。身ぐるみをはがされ、何の予備知識もなく、お金もなく、身体ひとつでヘリコプターによって連れ去られたと仮定する。

そして見知らぬ国の真ん中まで飛んでいき、そこで原野に降ろされたとする。新しい言葉、新しい習慣、新しい気候に直面するだろう。自分に残されたのは自分自身だけなのだ。

あなたなら生き残れるだろうか。くじけてしまうだろうか。その土地に住む人間を探し、食物や宿などを確保できるだろうか。

それとも、ただその場にじっとして、こんな災難に見舞われるなんて、何て運が悪いんだろうと嘆くだけだろうか。

外面的な安全を必要とする人なら、死んでしまうだろう。自分の持ち物はすっかり奪われてしまったのだから。しかし、内面的に安定していて未知のことを恐れない人なら、生き残れるだろう。

安全とは、外面的な困難も含めて、あらゆる事態に対処できるという自信であると、定義しなおすことができる。外面的な安全の罠《わな》にかからないことである。外面的な安全があると、本来の力を発揮する能力が奪われてしまうからだ。

外面的な安全を持たない人、何もかも計画ずくめにしない人に注目してみよう。そういう人たちも、おそらく、ずっと先の手を読んでいるのかもしれない。しかし、少なくともそういう人は新しいことを試みることができ、常に安全でいようとする罠にはかからないですむ。

私の同僚の一人は、数年来、自分の学生にもクライアントにも、人生では未知のことを試してみる必要があると語ってきた。

しかし、多くの点で、彼の助言は説得力がなかった。彼自身、一つの同じ大学に留まり、快適な生活を続けていたのだから。

どんな人でも新しい、今までと違った状況に対処できると言っている本人が、身になじんだ生活をずっと続けていたのである。

ある年、彼は半年間ヨーロッパで暮らす決心をした。常々やってみたいと思っていたことだった。海外の大学院の教育心理学課程で二教科を教え、自分は先行きのわからないことでも処理できると身をもって悟ったのである。

ドイツに来て三週間たつと、気持ちが落ち着いた。そのおかげで、以前、慣れた環境で気楽にやっていたニューヨーク時代と同じくらい、患者の治療と講義に専念することができた。その後、トルコの人里離れた村でさえ、二カ月の滞在期間中は、ニューヨークにいたころより忙しかったという。

最終的に、経験を通して、彼はいつ何どきでも、どこへでも行けるし、すぐ活動もできるということを体得したのである。

6 案ずるよりもまずやってみる

何事も完璧にやらなくては気がすまないとしたら、なぜそのように思うのだろうか。誰があなたの点数をつけているというのだろう。

イギリスの政治家ウィンストン・チャーチルの完璧主義に関する言葉は、**絶えず成功を**

求めると、いかに心が凝《こ》り固まってしまうものかを示している。

「完全なものでなければ役立たない」という格言は、とりもなおさず「麻痺」ということだ。

完璧主義的な「ベストを尽くせ」というたわごとのために、自分自身がわからなくなってしまうことがある。

おそらく自分の人生で、本当に力を入れたいと思うような大切なことは、自分で選べばいいし、ベストを尽くせばいい。

しかし、その他大多数のことについては、ベストを尽くさなければならないということのみならず、うまくこなさなければならないという思い込みさえ、行動の妨げになっている。

完璧主義のおかげで、やってみれば楽しいかもしれない活動もせず、結局何もできない状態に陥っていてはいけない。

「何事にもベストを尽くせ」ではなく、

「自分にとって大切なことを選び、それは一生懸命にやろう。だけど、他のことはただやるだけでいい」に変えてみることだ。全部が全部、ベストを尽くさなくてもかまわないのだ。事実「ベストを尽くせ症候群」はどれもこれも誤った考え方である。あなただけでなく人間は誰だって、完璧にベストを尽くしてなどいない。必ず向上の余地は残っているものなのだ。「完全性」は人間の属性ではないのだから。

子どものいる人なら、子どもに向かってベストを尽くせと強制して、心を麻痺させたり怒りを植えつけたりしてはならない。

そうではなくて、子どもたちが一番楽しんでやっていると思われることについて話し合い、ことによっては、その方面では一生懸命がんばりなさい、と励ましてやればいい。

しかし、それ以外の活動では、**ただ実行していること自体、成功するよりもずっと大切**なのである。

バレーボールの試合では、「うまくできないから」といって後ろに控えているのではなく、参加するように指導してやる。

スキーでも歌でも絵でもダンスでも、とにかく何でも、子どもたちがやりたがっているなら、できるだけ背中を押してやることだ。うまくできないかもしれないからというだけで、やめようという気にさせてはならない。

競争心を起こさせたり無理にやらせたり、まして上手にできるようにと指導すべきでもない。

その代わり、一人ひとりが大切に思っている活動を通して、自尊心や満足について教えるよう努めることだ。

子どもは自分自身の価値と自分の失敗を同一視するような、非難めいた言葉（「こんなこともできないの？」）を簡単に信じてしまう。

そうすると、よほど上手にできないとその活動は避けるようになる。

さらに危険なのは、自分を軽んじる、人に過度に認められたり賛成したりしてほしいと願う、自責の念を抱く、その他、自己否定に伴う誤った態度が習慣化してしまうかもしれないことなのだ。

「成功ほど失敗するものはない」

自分の価値は失敗や成功で決まると考える人は、いずれ「自分は役立たずだ」と感じる日が来る。

トーマス・エジソンを考えてほしい。

もしエジソンがある仕事での失敗を、自分の自信を計るものさしとして使っていたら、失敗に終わった最初の試みですでに絶望し、自分は負け犬だと宣言して、世界を照らそうという努力をやめてしまっていただろう。

一つの失敗が新しい発見への道を示していれば、その失敗は成功であると考えられることさえある。ケネス・ボールディング（経済学者）の言を見てみよう。

最近、広く知られている金言集の改訂作業をした。私が編集した格言の中に、「成功ほど失敗するものはない」というのがある。

つまり成功からは何も学べないからなのだ。何かしら学び得るただ一つのもの、それは失敗である。

成功は、私たちがやみくもに信じていることをいっそう強固にするだけだ。

失敗がなければ何も学ぶことはできない。しかし、実際には、**私たちは成功だけが唯一の道であると、高く評価しすぎてきた。**

失敗に終わりそうな経験はことごとく避けて通る傾向が、人間にはある。

そして、失敗を恐れるからには、未知のことも恐れ、ベストを尽くさないときに浴びせられる他人からの非難も恐れるのだ。

7　尻込みしていては道は開けない！

未知のものに対する恐れから生じる典型的な態度については、すでにいくつか論じてきた。

新しい経験に抵抗する、柔軟性がない、偏見を持つ、計画の奴隷となる、外面的な安全を求める、失敗を恐れる、完璧主義——こういった態度は、自分の可能性を限定してしまう。

次に挙げるのは、これらの症状がもっとも端的に表れた具体例である。参考にして、自分自身の行動を振り返ってみてほしい。

▽自分とは相容れない考えには耳を貸そうとしない。

他人の立場を考慮せず、「ふーん、私なら絶対あんなふうに考えない」とか、相手は頭がおかしいのだとか、わかっていないのだとか最初から決めつけてしまう。

これはかかわり合いを拒否することで、自分とは違うもの、未知のものを避けて通る方法である。

▽新しいことに挑戦するのを怖がる。

「そんなにうまくできそうにないから、私は見ているだけにします」と言うのだ。

▽学校で、あるいは仕事でどうしてもある程度のレベルまで到達しようと強迫的に考える。評価の点数が何よりも大切になる。ペーパーテストの成績のほうが何かをうまくやった

という喜びよりも重要なのだ。

▽自分とは違う、と決めつけた人たちを避ける。

なじみのないものに対する恐怖から身を守るために、こういう人々を理解しようとしないで、蔑称のレッテルを貼り、彼らに話しかけるよりは、彼らを話の種にする。

▽たとえ気に入らなくても同じ仕事を続ける。

そうしなければならないからではなく、新しい仕事というとてつもない未知の世界へ入っていくのが不安だからである。

▽明らかに無意味な結婚生活を続ける。

未知の世界、すなわち独身でいることに対する恐れゆえである。独身のころの状態がどんなものかを思い出せないので、一人だとどういう状況に身を置くことになるのかわからないのだ。

もしかしたら孤独な世界にさまよい出るよりは、気に入らなくても慣れた環境に留まるほうがよいのである。

▽休暇を過ごすのが、いつも同じ場所、同じホテル、同じ季節である。

そうすれば状況が予想できるし、どうなるかわからないような場所へ、あえて行かなく

ても よいと思っている。

▽何をしても、楽しいかどうかよりできばえを判断基準にする。

つまり、自分がうまくできることだけをやり、失敗の可能性のあることはやらない。

▽ものごとを金に換算して評価する。

より高価ならより価値があるという具合に、金額が自分自身の成功を表す。

知っているものなら金に換算できるが、未知のものは金銭的に評価することはできないので困る。

▽肩書き、高級車、有名ブランドの服、その他のステータス・シンボルを必死で手に入れようとする。

たとえそのもの自体、そしてそういうものに代表されるライフ・スタイルが好きでなくても、である。

▽おもしろい別の案が出てきても、計画を変更することができない。

頭の中にできている地図を離れると迷うし、いるべき場所がわからなくなる。

▽時間に気をとられていて、時計に人生を動かされている。

お決まりのスケジュールに従って生活し、いつも時計をはめていて（寝るときさえも）、時間に支配されている。時計に従って眠り、食べ、セックスする。空腹感、疲労感、欲望などにはおかまいなしである。

▽セックスに想像力を働かせない。

いつも同じことを同じ体位でする。変わったことは決してしない。だって、そんなことは〝普通〟ではないし、〝普通〟でなければ認められないだろうと思うからだ。

▽いつも同じ顔ぶれの小さなグループにくっついているだけで、それ以外の人たち、つまり新しい世界を開いてくれそうな人たちと交わろうとしない。

同じ仲間と決まったように集まり、その仲間と一生つき合う。

▽妻や夫、あるいはデートの相手と同伴でパーティに出席した場合、ずっとその相手と一緒にいる。

別に一緒にいたいからではなく、そのほうが安心だからである。

▽思いきって知らない人と、したこともないような話をしたら、どうなるかあとが怖いので二の足を踏んでしまう。

相手のほうが頭がよくて、才能があり、器用で、弁が立つに違いないと勝手に思い込み、それを理由に新しい出会いを避ける。

▽努力したことがうまくいかないと、自分を責める。

こういったことは未知のことに対する恐怖心から生まれる不健康な行為の、ほんの一部にすぎない。自分自身の行動を振り返って、リストをつくってみるのもよいだろう。

しかし、リストをつくるよりも、なぜ毎日毎日、成長できる見込みもないような、前の日と同じことをして生きていきたいのか、問い直してみてはどうだろうか。

8 あえてレールから飛び出してみる

未知のものを避けているとき、自分のその行為に気づくことが大切だ。
その瞬間に自分自身に言い聞かせてみよう。
「人生、必ずしもいつも、自分の行き先がわかっていなくてもかまわないんだ」と。
型にはまっていると気づくことが、それを変えていく第一歩なのである。
少し冒険をして、型にはまったやり方から抜け出してみよう。

何の予約もせず、地図も持たないで、行き当たりばったりの休暇を過ごすのもいい。何が起こっても、自分を信頼して事の処理に当たるのだ。

たとえば、新しい仕事の面接を受けてみる。

あるいは、「よくわからない」「理解できない」と言って、これまで避けてきたような人と話をしてみる。

自分の偏見を疑問視してみると、そのために自分が何の進歩もなく、おもしろ味のない人間であることが、すぐにわかる。

自分とは違うタイプの人に多く会えば会うほど、今まで自分がどれほど損をしていたか、自分の恐怖心がどれほど愚かなものだったか、よくわかるだろう。

これを見抜くことができれば、未知の世界は避けるべきものではなく、むしろどんどん探検すべき場所になるだろう。


自分の信念のために、身動きがとれなくなってしまってはいないだろうか。過去の経験から何らかの信念を抱き、その信念に固執することは、現実を避けることを意味する。

存在するのは、今あるものだけだ。そして現在の事実は過去の事実とは違うかもしれない。

自分の過去からつくり上げた信念に照らすのではなく、今存在しているもの、今自分が経験している事実を見よう。事実を信念で色づけしたりしないで、自由に経験してみれば、未知の世界はとてもすばらしいところだということを知るだろう。

欲しいものは何でも自分のものにしていい——そういう空想を楽しんでみよう。何でもかまわない。二週間、やりたい放題やるのに十分なお金があるとしたら、何をするだろうか。

そうしてみると、**自分のとりとめのない空想はほとんど実現し得るもの**だということがわかる。自分が欲しいのはお月さまでもなければ、手の届かないものでもない。未知のことに対する恐怖心を捨てて追い求めればきっと手に入る、そういうものなのだと思い至るはずである。


覚えておいていただきたい。人間にかかわることはすべて、自分とは無縁ではない。自分にその気があれば、何にでもなれる。このことをしっかり心に刻み込んでおき、安全で逃避的な行為に陥ったら、思い出そう。

失敗を恐れる気持ちは、往々にして、他人の反対や嘲笑に対する恐怖心である。

他人には他人の考えがあってけっこう、自分とは関係ない。このように、自分の行為を他人の言葉ではなく、自分自身の言葉で評価しよう。

自分の能力は優劣で決まるのではなく、ただ他人とは違うというだけである。

これらの提言は、未知のものに対する恐怖心と戦うための建設的な方法を示している。まず、自分の逃避的な行動を見抜き、次に今までの態度を積極的に見直し、新しい方向へ動いていくのだ。

大きなことを成し遂げた過去の偉大な発明家や探検家は、未知のものを恐れて、行動しなかっただろうか？　――想像してみてほしい。

行き先のわからない道を選ぶ理由

二股に分かれた道を思い浮かべよう。一方へ行けば安全である。もう一方へ行くと人跡未踏の、途方もない未知の世界である。

あなたなら、どちらの道を選ぶだろうか。

詩人のロバート・フロストは『選ばれざる道』の中で、この問いに答えている。

道が二本、森の中へ続いていた。私は——
私は人跡まれな道をたどり
ついに別天地を発見した

どちらを取るかは、あなたの自由だ。
未知の世界を恐れるという、誤った生き方はやめよう。
人生に喜びをもたらしてくれるような、心躍ることを新たに始めよう。
自分の行き先はわからなくていい、自分の道を歩いているかぎり。

7章

「状況打開」の柔軟思考
なぜ「他人の評価」が気になるのか

Your Erroneous Zones

1　〝社会常識〟の外に「真理」あり！

世の中には、よく考えもしないで自分の行為に対して使う、「〇〇すべき」という表現がゴロゴロしている。

「〇〇すべき」というのは、自分では真偽のほどは考えたことはないが、誰か他の人や社会がそう言うのだからそうだろうという、他人任せの行為である。

この「なすべきこと」を集めていくと、「間違った生き方」の一大集成になる。

自分が認めてもいないルールや主義に引きずられて、そこから抜け出せず、自分にとって有益なものと無益なものを、みずから見分けられないのである。

世の中に「絶対」と言えるものなど何もない。

常に理にかなった、あるいはどんな場合にも、非常に有用なルールや法律などというのは存在しえない。

柔軟性があることのほうがはるかに人間として優れているのに、役にも立たない法律を犯し、バカバカしいしきたりを破ることさえ難しい。いや、現実には不可能だとすら思えてくる。

社会に順応し、その文化に従うことは、うまく生きていくうえで、ときには役に立つかもしれない。

しかし、それが極端に走ると、ことに「なすべきこと」に従おうとした結果、不幸や憂うつや不安が生じて、行き詰まる。

法律をバカにしようとか、規則は破るためにあるものだとか、そんなことを言っているのではない。

法律は必要だし、秩序も文明社会では重要なものである。しかし、因習に、やみくもに固執するのはまったく別問題である。

事実、それは個人にとっては規則を破ることなどよりも、はるかに破滅的と思われる行為である。

往々にして、そもそも規則がバカげているとか、しきたりに今や何の意味もないという場合がある。バカげた規則に従わなければならないために、よりよく行動することができない——こんなときこそ、その規則と自分の行為を考え直してみるべきである。

かつてリンカーンはこう語った。

どんなときでも応用できるような政策を立てたことは、一度もなかった。自分は、その時点で最大限、意義のあることを試みてきたにすぎない。

たとえその政策が、どんな場合にも適用できなければいけないという意図で成文化されたとしても、リンカーン自身はたった一つの政策の奴隷ではなかったのである。

「なすべきこと」という表現が不健全なものとなるのは、そのために健全で、実のある行為が妨げられる場合だけである。

自分が「なすべきこと」に従った結果、他人に迷惑をかけ、あるいは自分の意に反するような結果を招くとしたら、それはみずから進んで選択の自由を放棄し、外的な力に身を任せているということだ。

この章では、自分の人生を狂わせかねない、間違いだらけの「〇〇でなければならない」に目を向けていきたい。

2 「責任」を正面から受け止める

多くの人は、自分の性格や感情を知る際に、その根拠を自分の内にではなく、外部評価に委《ゆだ》ねる。

こういった人々が全体の七五パーセントに上ると予測されている。

すなわち、あなた自身、まずたいがいはこの例に漏れないだろうということだ。

「自分を決定する論拠」を、外側に委ねるとはどういうことだろうか。

基本的には、**今、自分をこういう気持ちにさせているのは、自分以外の「人」、あるいは「もの」のせいだと思うならば、「外に」委ねている**と考えてよい。

たとえば、「あなたは、なぜ不愉快に思うのですか」と尋ねられて、

「両親のせいなのです」

「彼女に腹が立つことを言われたから」

「友人に嫌われているから」

「とにかく自分はツイてないのです」

「ものごとが全然うまくいきません」……

といった答えをしたとする。そうすると自分は「外に」根拠を求める立場をとったことになる。

逆に、「なぜそんなに楽しそうなのですか」と聞かれて、

「よい友人に恵まれていますから」

「運が向いてきました」

「私の邪魔をする人間が一人もいないから」

「彼女が私を気づかってくれたんです」

などと答えるなら、やはり自分の外側の枠にとらわれているのであり、自分が抱く感情を、自分以外の人やもののせいにしているのである。

一方で、自分をコントロールする拠点を、自分の「内」に置く人は、**自分がどういう感情を抱いても、その責任を自分の肩でしっかりと受け止める**ものだ。

ただ、こういう人は今の社会では非常にまれな存在だ。

先に挙げたのと同じ質問をされた場合、このような返事が返ってくる。たとえば、

「自分が考え違いをしているからですよ」

「他人の言うことを大げさに考えすぎるのです」

「他人がどう思っているか心配です」

「不愉快にならずにいられるほど、自分は強くありません」

「みじめな気分にならなくてすむ術《すべ》を知らないのです」

という具合だ。この違いをおわかりいただけるだろうか。

同じように、自分の内面を中心に考える人は、機嫌がいいときの答えも、自分が主体になる。

「楽しめるように努力してきたんです」

「自分のためにそうしてきたから」

「自主的に生きて、自分で選んできたことだから」

このように、**四分の一の人は自分の感情に対して自分で責任を取り、四分の三の人は外的なものにその責任を転嫁する。**

さて、あなたはどちらに入るだろうか。

ほとんどの場合、「なすべきこと」や、しきたりを無理じいするのは外的な要素を押しつけることだ。

つまり、「なすべきこと」もしきたりも、自分以外の人や物によって課されるわけである。

もし、「なすべきこと」という重荷を背負って、他人の定めたルールを破ることができないでいるとしたら、自分の外にある箱の中にすっぽり入っていることを意味する。

こうして彼女は「別人」に生まれ変わった！

自分の考え方が外から決められてしまっている例を挙げるなら、最近、私のところへやってきたクライアントのケースがぴったりである。

この患者をBさんと呼ぶことにしよう。

彼女の一番の問題は肥満だったが、他にも小さな不平不満がたくさんあった。体重について話し合いを始めたとき、彼女はこう言った。

「自分がいつも太りすぎだったのは、代謝に問題があるからです。子どものころ、母親に無理やり食べさせられたせいですよ」

過食の傾向は今でも続いているが、それは夫がかまってくれないし、子どもは子どもで自分勝手なせいで、ストレスが溜まっているからだと言う。

「とにかくありとあらゆることを試してみたのに、失敗してきた」そうだ。

さまざまな食餌療法、減量ジム、サプリメント、あげくのはてには占星術まで試し、そして心理療法を最後の頼みの綱として、私のクリニックにたどり着いた。

「もしダイアー先生に私の体重を減らすことができないのなら、もう誰に頼んでも無理でしょう」と彼女は言うのだった。

身の上話を聞いて、彼女のジレンマをよく考えてみると、余分な体重を減らせないのも不思議はなかった。

世の中すべてのものごとや人物は、みな共謀して自分を肥満に陥れようとしている——母親、夫、子どもたち、そのうえ自分自身の身体や運勢までもが……！

たいていの人には減量療法や食餌療法が効くかもしれないが、Bさんの場合は、不利な条件が多すぎた。

彼女は、**何でも外的なものを中心に考えてしまう典型的な人物**であった。

自分が太っているのは母親、夫、子どもたち、そして自分の身体の思いどおりにならない機能のせいなのだった。

食べてはいけない時間に食べすぎる――そういう行動は、自分の意思とは何の関係もないことだった。

そのうえ、ダイエットをしようという試みも、問題そのもののとらえ方と同じく、外から支配されている状態だった。

それまで過食をしてきたのは自分自身の責任であり、今後、体重を減らしたいなら、今までとは違った選択をしていかなければならないという点に気がつかないまま、Bさんは自分以外の人やもの――世間によくあるダイエット法に頼ってきた。

友だちがみんな減量ジムへ行けば、自分も行った。

誰かが最新式のダイエット法の先生を見つけてくれれば、そのたびに、Bさんもすがるような思いでついていった。

数週間にわたるカウンセリングで、Bさんは、自分の不満や不平は他ならぬ自分がまいた種であって、他人の行為のせいではないことに気づきはじめた。

彼女はまず、要は、自分は食べすぎる、それもたいていは本当に食べたいと思う以上に食べすぎる、そして十分に運動をしていないという点を認めた。

Bさんがまず決心したのは、自分の食習慣を、きちんとした自己管理によって変えるということだった。彼女は自分の意思を保つ必要があったし、またそうしようとしていた。今度お腹がすいたら、クッキーをつまむ代わりに、自分の精神力を思い起こそうと決心したのである。

また、自分をもっと大事にしてくれなかったとか、無理に食べるように仕向けたとか言って、夫や子どもたちを責めるのをやめた。

その代わりに、自分は何年間もわざと悩んでみせて人の気を引こうとし、実質的には「さあ、どうぞ私を邪険にあつかってください」と言っているようなものだった、と考えるようになった。

Bさんは信じられないようだったが、彼女がグチを言うのをやめて、家族に自分をもっと大事にしてほしいとはっきり要求してみると、彼らはすぐに快く、そのとおりにしてくれた。

そうして食べ物に慰めを求めるのではなくて、家族同士の愛情をますます深めることができた。

Bさんは、母親とあまりかかわりすぎないようにしようとまで考えた。母親に自分の人生が管理されていて、必要以上に食べ物が与えられ、このままでは自分の人生が台無しにされると思ったからだ。

母親は自分を支配してなんかいない、母親に来いと言われたから会いに行くのではなく、自分が行きたいときに行って会えばいい。

母親がケーキを食べなさいと言っても、食べなくてもいい。

こういうことに思い当たってみると、母親と一緒に過ごす時間が楽しくなり、うとましいと思わなくなった。

そしてついに彼女は、心理療法は自分の見た目とは何の関係もないことに気がついた。

私はBさんを変えることはできない。**彼女はみずから変わらなくてはならなかった**のだ。

時間はかかったが、徐々に努力を重ねて、彼女は外から与えられた「なすべきこと」を捨て、代わりに自分の心のルールを手に入れたのである。

現在の彼女はやせて美しくなっただけでなく、幸せでもある。

そして自分が幸せなのは夫や子どもたちのせいでも、母親のせいでも、日課のエクササイズのせいでもない、自分自身のせいなのだということを知っている。

Bさんは自分の心を、自分でつくっているからである。

「運命」さえも意志の力で支配できる

運命論者や決定論者は、自分の外部にある溝にはまって身動きができないでいるようなものだ。


自分の人生はあらかじめきちんと設計されていて、自分は適当な道をたどりさえすればいいと信じている人は、自分を決まった人生に釘《くぎ》づけするような「なすべきこと」を背負い込みがちである。

こういう人たちは、自分が外からの力によって支配されているという事実にあくまでも目をつぶるか、外からの力によって支配されていると、かたくなに思い込いこんで何も行動せずにいるか、どちらかである。

しかし、いずれにしても自分の力で人生を切り開くことはできないままだ。

よりよく生きることは、人生における問題をことごとくなくすことではない。

自分をコントロールする拠点を、外から自分の内部へ移すことなのである。

そうして、**どんな気持ちを味わっても、その気持ちに対する責任は自分で引き受けるようにすること**だ。

人間はロボットではない。迷路の中で人生を送り、他人が勝手に決めたルールでがんじがらめになっている、そんな機械ではない。

3　他人事に時間を奪われていないか？

人を非難することは、責任を取りたくないときに利用できる、巧妙で卑劣な手口である。

これは、自分の外部の世界を中心にして生きる人の方便なのである。

非難は例外なく時間のムダである。

どんなに他人の粗探しをしても、どんなに人を非難してみても、自分が変われるわけではない。自分の不幸や失敗の言い訳のために、自分の外にその理由を見つけ、自分自身から矛先をそらすのに役立つのがせいぜいである。

人を非難することが、たとえ多少とも効き目があるとしても、その効き目は自分には現れない。

非難すれば、相手にうまく罪悪感を覚えさせられるかもしれないが、何にしても自分の不幸の原因を変えることはできない。

他人にばかり注意を向ける傾向が非難と正反対の形を取ると、「英雄崇拝」となって現れる。この場合も、自分の価値を決めるために他人に目を向けているのだ。

誰それがこうするなら、私もそうする。

つまり他人を崇拝することは、自己否認の一つの姿である。他人のほうが自分よりも重要であり、自己の価値は自分の外の世界のものと結びついているということになる。

誤解しないでいただきたいが、他人を尊重しその業績を評価することに、自滅的な要素はまったくない。

ただ、**自分の行為を他人の規準に合わせようとすると、間違った生き方に陥る**ことになる。

自分にとっての英雄も、しょせんは人間である。どんな英雄も、私たちが毎日するのと同じことをしている。

これまでに出会った偉大な英雄たちの誰一人として、何かを教えてくれることはなかった。英雄も私たちと変わるところはないのだ。

政治家、運動選手、スター、自分の上司、パートナー、その他誰であれ、ある一定の分野において秀でている、ただそれだけのことだ。

もしこういう人たちを自分の英雄として、自分よりも高い位置に祭り上げるとしたら、自分を外側の箱に押し込めることになる。

一方では他人を非難し、もう一方では英雄崇拝をしているとすれば、他人にばかり関心を向けるという愚かな生き方をしている証拠だ。

自分がどう感じ、何をするべきか、その説明を自分の外の世界に求めるのは、愚か者のやることである。

この間違った生き方をやめる第一歩は、自分が自分の英雄になることだ。人を非難することや英雄崇拝をやめれば、外側中心人間から内側中心人間になれる。

そして、内側中心でものを考えることができれば、自分にも他人にも「いつでも○○すべき」などと、押しつけることはなくなる。

4　白黒つかないこと

「なすべきこと」を自分の人生に組み入れる傾向に対して、臨床心理学者のアルバート・エリスがつくったうまい表現がある。

それは「自慰行為（masturbation）」ならぬ「自縛行為（musterbation）」である。「ねばならぬ症候群」と言ってもいいかもしれない。

他にもっとベターな行動があるかもしれないのに、「こうしなければならない」と思うやり方で行動している自分に気がついたときは、「ねばならぬ症候群」にかかっているということ。

高名な精神科医であるカレン・ホーナイは、『神経症と人間の成長』で、一章を割いてこの問題をあつかっている。

題して「なすべきことの独裁的支配」。彼女は次のように述べている。

「なすべきこと」は常に緊張感を生じさせ、その緊張感が高まれば高まるほど、人は「なすべきこと」を自分の行動に実現しようとする。……さらに、こうして具体化された「なすべきこと」は、さまざまな点で常に人間関係に破綻《はたん》をきたす一因となる。

あなたの人生の大部分は「なすべきこと」によって決められてはいないだろうか。同僚には親切に、パートナーには協力的に、子どもには力となり、いつも一生懸命働くべきだと思ってはいないだろうか。

こういう「なすべきこと」がうまくいかないと、自分を責め、カレン・ホーナイが言及している緊張と破綻をきたしてはいないだろうか。

おそらく、こういう「なすべきこと」は自分で決めたものではない。

もし、これが実際には他人にとっての「なすべきこと」であり、自分はそれを借りてきているだけだとしたら、まさに「自縛行為（musterbation）」だ。

一方、「なすべきこと」があるのとちょうど同じだけ、「なすべからざること」も存在する。たとえば、無作法にふるまうべきではない、腹を立てるべきではない、分別をなくしてはいけない、バカはいけない、幼稚ではいけない、下品ではいけない、落ち込むべきではない、他人をイラつかせてはいけない……など、他にもたくさんある。

しかし、こんな自縛行為にふける必要はまったくない。

落ち着きがなくても、理解力がなくてもいっこうにかまわない。自分が望むなら威厳などなくてもいい。**誰もあなたの点数をつけたりしていないし、言われたとおりにしないからといって、罰したりしない**のである。

しかも、どうがんばってもすべて他人の期待どおりの、理想の人間には絶対になれない。つまり、そもそも間違っている期待に添うことはできないわけだから、どんなものであれ「なすべきこと」は緊張感を生まずにはいられない。

この緊張感は、たとえば、あなたが威厳がなくて、非協力的で、軽率だから生まれるのではない。

「○○すべき」という重荷から生まれるものなのである。

5　自分からつくった「足枷《あしかせ》」

この「〇〇すべき」に関する「錯信帯（erroneous zones ＝自己実現の妨げとなるような、間違った思い込みや感じ方）」を取り除く作業は、時間もエネルギーもいるし、リスクを伴うかもしれない。

しかし、やってみることだ。

今の状況が自分にとってうまくいっていない場合、自分が教えられてきた「〇〇すべき生き方」を変えてみるのは有効な方法である。次に挙げるのは、その抜け出し方である。

▽まず、自分自身の行動を見つめ直す。

そして、そのおかげで自分の身に起こっている問題をよく考える。その後で、自分はなぜこんなにたくさんの「なすべきこと」を背負い込んでいるのかと、自問する。

そういう**「なすべきこと」**を**本当によいと思っているのか、あるいはそういうふうに行**

動することに慣れてしまっているだけなのか、も自問してみる。

▽自分が守っているルールで、まったく無意味だと思われるものを全部リストアップする。つまり、不満に思ってはいるがやめられない、バカバカしい習慣のことだ。そうして、自分にとってもっと意味のある「行動ルール」をつくり、それを書いておく。この時点では、それを守れる自信がなくてもかまわない。

▽自分なりの新しい習慣を始める。どんな些細《ささい》なことでもいい。たとえば、毎年クリスマス・イブにクリスマス・ツリーを飾っていたが、十二月の初めから飾るようにしたいと思えば、自分にとって意味のある、新しい習慣をつくる。

▽自分も含めて身内の者や友人はみな守っているが、自分はいやだと思っているような行動のルールについて、そういう人たちと話し合いをする。みんなにとってもっと役に立つと思える、新しいルールを考え出してみよう。古いルールは、今までに誰一人として、まじめに考え直そうとしなかったというだけの理由で、そのままになっていただけということがわかるだろう。

▽自分の内面・外面に関する日記をつける。

自分の感じ方の責任を他人に押しつけたり、ものごとを人のせいにして、自分は行動していなかったりしたら、それを「外的な経験」として書き留めておく。

逆に、新しいことに勇気をもって挑戦してみることで、「内的な方向」へ自分を向けることができるだろうか。うまくチャレンジできたら、その成功の記録をつける。

▽他人に対してどのくらいルールを課しているか調べてみる。

彼らに、こういう指示が本当に必要かどうか、あるいはそんな指示はなくても同じように行動するかどうか聞いてみる。彼らのほうからも、もっと有効で柔軟な提案があるかもしれない。

▽なくしたいと思うルールや方針を、思いきって疑問視してみる。

ただし、自分の行為の結果を、後悔しないことだ。

たとえば、女から男にデートを申し込むものではないと常々思っていたが、ある週末、男性を食事に誘ったらどうなるかを見てみる。

買った洋服が欠陥商品だったら、たとえ「お取り換えお断わり」という店のルールがあっても、そういう店の方針に意見すべきであり、その際、必要とあらば「本社にクレームを出しますよ」と言ってもよい。犠牲者として甘んじてはいけない。

▽決断を下すとき、正しいか正しくないかという考え方はやめて、**どういう決断でもかまわない、それぞれ、プロセスが違うだけ**だと考える。

他人の基準に合わせるのではなく、自分自身が満足することを目指そう。

▽自分の人生の中で、自分が（そして他人が）装っている「役割」を捨てること。

男だから、女だから、中年だからこうすべき、という態度をとるのではなく、自分が「そうありたい」と思うような人間であればよい。

▽人と話をするとき、他人を話題の中心にすることをやめる。

悪口を言ったり、他人のことやできごとや考えについて、不満を言ったり粗探しをしたりしない。

▽他人が変わってくれるのを待たない。

そのほうが自分の気に入るからというだけの理由で、なぜ他人が変わらなくてはいけないのか、自問してみる。他人の態度にたとえイライラすることがあっても、誰にでもその人らしい人間になる権利があるということを認める。

▽他人の行為が自分をわずらわせるのではなく、それに対する自分自身の反応が問題だということを忘れないようにする。

「あの人たちはあんなことをするべきではない」という代わりに、「あの人たちの行為のために、どうして私がわずらわしい思いをするのだろう」と考える。

R・W・エマソンは『文学の倫理』にこう書いている。

人間は、自明の理というひき臼をせっせとひく。が、そこからは入れたものしか出てこない。けれどもしきたりを捨て、代わりに自発的な考えを取り入れると、その瞬間から、詩、ウィット、希望、美徳、学識、逸話など、あらゆるものが群がり寄って人間を助けてくれる。

何というすばらしい考えだろう。しきたりに従っていると、間違いなく、私たちはいつまでもずっと変わらない。だが、しきたりを投げ捨てると、世界を自分の思うとおり創造的に動かすことができるのだ。

しきたりだらけの人生に答えを求めようとしてはならない。どう歌うべきか、などということは気にしないで、自分の好きなように自分自身の幸せの歌を歌えばよい。

8章

"けじめ"の行動学

一日、一年、一生をいそがしく生きる

Your Erroneous Zones

1　〝無用な苦しみ〟と〝不毛な人生〟

あなたには何でも先延ばしにしてしまう傾向がないだろうか。

そう問われれば、たいていの人は「イエス」と答えるであろう。

しかし、先延ばしが習慣になっていれば、そのことで何かと気ぜわしくなるわけで、できるものなら、そんなことを気にせずに暮らしたいものだ。

ところが、早く片づけてしまいたいと思いながらも、どういうわけか実行に移さず、グズグズしてしまうことがよくある。

ひどい場合には、「すぐやらなければならないことはわかっているけれど、後まわしにしよう」とつぶやかない日はほとんど一日もないといってもいいくらいだ。

「先延ばし」については、他人のせいにして責めるわけにはいかない。すべて自分自身がその責めを負わなければならない――先に延ばして不愉快なことが生じても、身から出た錆《さび》である。しかし、自分が何でも先に延ばしてしまう面倒くさがり屋であることを、正直に認める人は少ない。

実際、先に延ばすということ自体存在しないのであって、本当はただ「やるかやらないか」のどちらかである。

やらなかったことは、先に延ばされたというよりは、むしろただ単に、「今、やらなかった」というだけのことにすぎない。そのことでノイローゼになったとすれば、やらなかったということからくる感情の反動だ。先に延ばそうと思っても、何らのやましさも感じず、不安も動揺もないのなら、好きなだけ先に延ばせばよい。

しかしながら、大部分の人にとってものごとを先へ延ばすというのは、**現在という時間をできるだけ精いっぱい生きるということからの逃避**にほかならない。

ものごとを先延ばしにする人は、心の中で次のように考えているのである。

あとになれば、うまくいくんじゃないか。

今よりも、もっとよくなってほしい。

多分、うまくいくだろう。

先延ばしにする人は、こんなふうに考えて可能性を残しておきたいのだ。**先に延ばせばもっとうまくいくだろうと期待し、望み、そう思い込んでいるかぎり、今は何もやらないでいることに対する正当な根拠になる。**

何にせよ、ただ期待したり願望したりするのは時間のムダである。期待し、願望することによって何かが成し遂げられたことなど、いまだかつてない。

「期待」や「願望」というのは、自分の人生でやらなければならない大切なことだとわかっていながら、その仕事に取りかかるのを避けるための便利な口実にすぎないのだ。

2 待つだけでは事態は好転しない

「今は何もできないよ。時間が経てばもうちょっとよくなるさ」

こうつぶやくと、あなたは安心してぐうたらを決め込むことができるのである。ある種の人々にとっては、これが人生なのである。

彼らは決して来ることのない日を待ち望みつつ、今やらなければならないことを先送りする。

最近私のところにやってきたクライアントに、Mさんという五十代の男性がいる。彼は結婚してから三十年にもなるというのに、私のところにやってきては、自分は不幸な結婚をしたと嘆いてばかりいる。

結婚生活のことについて話し合っているうちに、Mさんの不満は最近になって生じたものではなく、はるか昔からのものであることがはっきりした。

「新婚当時からずっとうまくいっていなかったんです」と彼は言う。

「では、どうしてこんなに長い間、不幸な生活を我慢してきたのですか」と私は尋ねた。

「いつかうまくいくのではないかと、期待し続けてきたからです」と彼は答えた。

三十年近くの間、期待し続けてきたあげく、彼も妻もいまだに不幸な状態にあるのだ。

さらに、Mさんの生活と結婚について話し合っていくと、少なくとも十年前からセックスレスになっていることを認めた。私は彼がこの問題について誰かに相談したかどうかと聞くと、答えはノーだった。彼はますますセックスを避けるようになっただけで、「いつか自然と元どおりになるだろう」と期待をかけることとしかしなかったという。

Mさんの結婚生活の問題は、ものぐさの典型的なケースである。

彼は問題と向き合うことを避け、「何もしないで待っていれば、たぶん自然と何とかなるだろう」と考えることによって、状況から逃げ続けてきた。

しかし、ものごとはおのずからうまくいくことはない。そのことをMさんは思い知らされた。問題は相変わらずこれまでどおりなのだ。多少変化したところがあるぐらいがせいぜいのところであって、少しもよくはならないのだ。

ものごと（環境、状況、できごと、世間）というのは、おのずからよくなるなどということは決してないのである。

人生の問題が以前よりうまくいくようになるとしたら、それはあなたがそうしようとして積極的に行動を起こしたからにほかならない。

実のところ、先に延ばすという行為は、それほどたいそうな「精神的努力」をせずとも解決できるものである。

というのも、われわれを縛りつける間違った思い込みの多くは、文化に根ざすところが大きいが、「先延ばし」の心理は、単に自分で勝手につくり出してしまったものだからである。

3 「ごまかし」は大きな「つけ」

私は先延ばし行為を「〝今日〟を避ける術《すべ》」でもあると言いたい。

誰しも、自分から進んでやりたいと思っていることがあるものである。ところが、やろうやろうと自分に言い聞かせているにもかかわらず実行できない。

やろうと思えば今すぐにでもやれることを、先へ延ばしてからやろうというのは、一種の楽しいすり替え行為なのである。だから、**今やらないからといって、自分は妥協しているのではないという自己欺瞞《ぎまん》**に陥ってしまうのである。

その人の本心は次のようなことだ。

「それをやらなければならないのはわかっているよ。だけど、実のところうまくやれるかどうか心配なんだよね。

それに、本当はやりたくないのかもしれないし……。だから、もうちょっと様子を見てからやろうと自分に言い聞かせている。そうすれば、やるつもりがないのだということを自分で認めないですむしね。こうして、自分を甘やかしているほうがずっと楽なんだ」

これは、不快な、あるいは難しい問題に取り組まざるを得なくなったときに利用できる欺瞞的ではあるが便利な言い訳だ。

ひと口に先延ばしと言っても、程度はさまざまだ。

自分はある時点まではグズグズしているが、締め切り直前には完成させている、ということもあるだろう。しかし、これも問題だ。

つまり、**最小限の時間で仕事を仕上げればいいということになれば、いいかげんな成果しか出せなかったり、最優秀の成績からほど遠い出来に終わったりしても、「十分な時間がなかったから」と言って自己弁護できる**わけだ。

ところが、現実には時間はたっぷりあるのである。

ご承知のように、忙しくとも立派に仕事をこなしている人はいるのだ。ところがあなたは「こんなにたくさんやらなければならないことがある」とグチをこぼすことに時間を使っている。つまり実行を先に延ばしている。

そうしたあげく、「時間がなくて……」というわけである。

以前私の同僚で、先延ばしばかりしている男がいた。いつも、あれもやろう、これもやろうと計画を立てることばかりに忙しく、自分にはやるべきことがこんなにあるのだと吹聴し回っていた。

しかし、よくよく見ていると、この男はほとんど何も実行に移していないのだ。頭の中には膨大な数の計画が詰まっているのだが、どれ一つとして実行しないのである。

彼は毎晩寝る前になると、明日こそはこの仕事を完成させるぞと誓いを立てては、自分をごまかしていたのではないかと思う。

そうでもしなければこの男は眠れなかったことだろう。明日になっても実行しないであろうことは、自分でもわかっていたかもしれない。だが、やろうと誓いを立てているかぎり、その場は安心できたのである。

気をつけていただきたいのは、**言葉に出して言ったからといって、必ずしもそのとおりの人間であるとはかぎらない**、ということだ。

言葉よりも行動のほうが、はるかにその人の人となりをよく表すものである。今、どう実行しているかということこそ、その人を知る唯一の指針なのだ。

思想家のエマソンは次のように書いている。

あれこれ言うには及ばない。あれこれ言っている間にもうあなたの本当の姿は表れてしまっている。だから、あなたが逆のことを言おうとも、私の耳には届きはしない。

今度から、口頭で実行すると宣言したら、このエマソンの言葉を思い出してもらいたい。

4 「口」を出すこと「手」を出すこと

実行しない人間というのは、往々にして「批評家」である場合が多い。
つまり自分では何もしないくせに賢者面《づら》をし、実行する人のことを傍観しては、そのやり方にいちゃもんをつけるのだ。
口だけの批評家になることは簡単であるが、実行者になるには努力がいる。

危険を冒す覚悟や、率先して新しいことに取り組む勇気が必要だからだ。

自分自身や周囲の人を振り返ってみれば、人が集まればすぐに何かについての批評が始まるだろう。なぜか。それは、**自分自身が実行するよりは、他人の行為についてあれこれ言うほうがずっと楽**だからである。

建設的な批評は役には立つが、もし自分が、何事でも実行するより傍観者となるほうを選ぶとしたら、まったく成長していない証拠だ。

それだけではない。

自分の能力のなさから来る負い目を、本当に努力している人に押しつけ、自分は責任逃れをするために批評を利用することがある。

もし自分が単なる批評家で終わりたくないのなら、まず、自分自身にも「人の行動をあれこれあげつらう」傾向があることを認めることである。

次に、そういう傾向を完全になくそうと決心することである。

そうすれば、やるべきことを先に延ばして他人の批評ばかりしている人間ではなく、実行に移せる人間になれるのだ。

5 「退屈」は「無能」の証

人生というのは決して退屈なものではないはずなのに、なぜか好んで退屈している人間もいるようだ。

退屈するということは、すなわち、「今、このとき」を自分なりに豊かに過ごす能力がないということである。

退屈するかしないかは自分の選択によって決まる。

つまり、自分自身で招くものなのだ。

退屈は自分で自分をダメにしてしまう要素の一つであるが、その気になれば自分の人生から取り除くことができる。

そもそも、先に説明したように、ものごとを先へ延ばすというのは、今何をやるか、あるいはまったくやらないかという二者択一に際して、やらないほうを選ぶということなのだ。当然、何もやらなければ退屈するだろう。

しかし、多くの人は、退屈を「環境」のせいにしたがる。

たとえば、「この町は本当につまらない町でね」とか、「何とまあ、あいつはおもしろくない男だ」などと言うのだ。

しかし、町そのものや、相手がおもしろくないのではなく、退屈でつまらないのは退屈を感じている本人なのだ。そのとき、自分の頭や身体を使って何か手を打つことができれば、退屈しなくてもすむのだから。

イギリスの作家サミュエル・バトラーは、「自分で自分を退屈させる人間は、退屈な人間よりも、はるかに卑しむべき存在である」と言っている。

今、自分のやりたいことをやれば、あるいは、これまでとは違った創造的なやり方で思考することができれば、退屈するようなことは決してなくなるのだ。

すべては自分しだいである。

6　先延ばし人間に「夜明け」は来ない

実際に行動を起こすよりも、先に延ばすほうが楽な状況をいくつか挙げてみよう。

▽行き詰まってしまっていて、これ以上力を発揮することができないことがわかっていながら、その仕事にすがりついている。

▽うまくいかなくなってしまった人間関係にいつまでもしがみついている。先へ行けば何とかなるだろうと期待するだけで何もせず、そのまま結婚生活（あるいは未婚の状態）を続けている。

▽セックスの問題、引っ込み思案、対人恐怖といった、人間関係に支障をきたしているような問題に取り組もうとしない。それらに対して建設的な対策を取るよう努力する代わりに、自然と解決するのを待っているだけである。

▽酒、ドラッグ、薬、タバコなどに依存していてやめようとしない。「やめようと思えば

いつでもやめられるよ」と言いながら、やめられそうもないことがわかっているので、その決心を実行に移すのを先延ばしにしている。

▽掃除、洗濯、修理、縫い物、庭仕事、ペンキ塗りといった、骨の折れるいやな仕事を先に延ばす――もっともそうした仕事を片づけることが気になっていればの話だが。どうしようもなくなるまで放っておけば、いやでもやるだろうと思っている。

▽上司、友人、恋人、あるいは取引先といった人物と向き合うのを避ける。話し合いを先に延ばしていれば、そのうち会う必要もなくなるだろうと思っている。きちんと向き合って話せば、その人との関係がうまくいくようになったり、もっとよいサービスが受けられたりするかもしれないのに。

▽楽しく過ごせるかもしれないのに、忙しいからとか、難しい問題で困っているからといって子どもと一日、あるいは一時間を過ごすことを先に延ばしている。同様に、家族と夕食に出かけたり、コンサートやスポーツの試合を観にいったりするのを、「忙しいから」のひと言で永遠に先延ばしにしている。

▽眠いとか、疲れているということを先に延ばすことの口実にしている。おもしろくないことや、難しいことに取り組もうとしているとき、自分がどのくらい疲れているかなど

ということをいちいち考える。ちょっとだるいだけでも先に延ばす、絶好の口実になってしまう。

▽気苦労の多い仕事や骨の折れる仕事に取り組もうとすると、気分が悪くなってしまう。気分が悪いときにどうしてすぐに仕事に取りかかれるだろうか。というわけで、気分が悪くなるというのも、先に延ばす巧みな術である。

▽「時間がない」というのも口実に利用される。予定が詰まっているからといって何もしないことを正当化するわけだ。そのくせ、自分が本当にやりたいことをやるぐらいの時間はいつもある……。

▽休暇のことばかり考えている。あるいは旅行のことばかり夢想している。来年には天国にまで旅する夢を見るかもしれない。

▽批評家になって、他人のことをあれこれ批判しては、自分が実行しないことをごまかしている。

▽身体の不調に気づいても健康診断を受けようとしない。先へ延ばせば、病気という厳しい現実に直面しないですむからである。

▽自分が好意を抱いている人物に接近するのを怖がっている。近づきたいのだが、そのう

ちにチャンスが訪れるだろうと期待しつつ待っている。

▽いつも退屈している。先に述べたように、おもしろいことに挑戦しようとしない自分に対する言い訳として、退屈だという事実を利用しているのだ。

▽計画は立てるが、日課として実行に移さない。「すぐに始めよう……来週から」

▽全人生を子どもたちのために捧げ、自分自身の幸せは常に後まわしにする。子どもの教育のことで頭がいっぱいなのに、どうして自分の人生を楽しむ余裕があるというのか、というわけである。

では、いったいこのような自己破壊的な先延ばしの構造から脱出するためには、どうすればよいのだろうか。

7 〝過ちの人生〟と手を切る12の法則

❶ そのつど、やるべきことを五分間で片づけるようにする。少しずつ時間をかけてそ

のうち完成させようなどと考えず、今すぐ五分間でやる努力をするのだ。

❷ いすに腰をおろして、これまで先延ばしにしてきたことに取りかかる。ひとたび取りかかってしまえば、それが楽しい作業であることがわかり、やろうとしていることに対する不安はなくなる。

❸ 「現在先延ばしにしていることを今すぐ実行に移したら、起こり得る最悪の事態とはどういうことだろうか」と自問してみる。答えはたいしたことのない場合が多く、たいていはすぐに行動に移せるものだ。

❹ ある一定の時間帯（たとえば水曜日の十時から十五分間というように）を決めておいて、その時間はもっぱら、先に延ばしている仕事だけをやるようにする。十五分間、集中的に努力するだけで、往々にして先延ばしを克服できることがわかる。

❺ 自分は、しなければならないことをあれこれ気にかけながら毎日を生きるような、そんな小者ではないと考える。自分のことを大切にする人間は、そんなことで自分を傷つけたりはしないのだということを思い出してもらいたい。

❻ 現在の自分を注意深く見つめる。自分は何を恐れ、何を避けようとしているのか。それをはっきり見極めるのだ。未来に対する不安は、未来が現在となれば、当然消

えてしまう。

❼今すぐタバコをやめる。この瞬間からダイエットを実行する。また、明日からと言わず今から禁酒する。身体を動かすきっかけとして、まずこの本を脇に置いて、腕立て伏せを一回やる。今すぐに行動を開始すること。

❽自分が今まで置かれてきた状況が退屈なものであっても、頭を創造的に働かせて改善しよう。

職場の退屈な会議では、タイミングよく質問をしてその場のしらけた雰囲気を変えるようにする。プライベートでは趣味として詩を書いてみる、など。思ってもみない才能が開花するかもしれない。

❾真剣に自分の人生を見つめてみる。

「あと六カ月しか生きられないとしたら、やりたいこと」ことを今やっているだろうか。

もしやっていないなら、やり始めたほうがいい。そうしないと結局は何もできないことになってしまうからだ。

❿勇気を出して、これまで避けてきたことを実行に移す。一つ勇気ある行動を起こせ

ば、不安はすべて解消する。「うまくやらなければならない」と自分に言い聞かせるのはやめよう。実行することこそが、もっとも重要である。

⓫ベッドに入る瞬間まで自分は疲れていないのだと考えよう。やるべきことを先へ延ばしたり、逃避したりすることの口実として、疲労や病気を利用してはならない。疲労を言い訳にしないようにすると、不思議と身体は何の問題もなくなってしまうものである。


⓬「なぜうまくいかないのか?」「うまくいくといいなあ」「多分うまくいくだろう」というような、なりゆき任せの言い方を一切しないようにする。口から出そうになったら、次のように別の言い方に置きかえるといい。

「なぜうまくいかないのか?」↓「うまくいくようにしよう」

「うまくいくといいなあ」↓「やれば必ず成果が上がるんだ。実行に移そう」

「多分うまくいくだろう」↓「うまくやってみせよう」

9章

セルフ・コントロールの実践
「怒る心」から
自分を解放する

Your Erroneous Zones

1 「怒る心」を手なずける

あなたは腹を立てやすいほうだろうか。

腹を立てるのも生活の一部だと思っているかもしれない。

だが、腹を立てたところで何の役にも立たないということも、わかっているのではないだろうか。

「腹を立てるほうが人間らしいじゃないか」「怒りを抑えているとだんだん溜まってきて胃が痛くなる」などと言っては、自分が腹を立てるのを正当化している人もいる。

しかし、腹を立てるのが生活の一部であったとしても、好き好んでそうしているわけではない。他人だって怒りっぽいあなたのことは好きではないだろう。

そもそも腹を立てるからといって、別に人間らしいということはない。必ずしも腹を立てる必要はないのだ。腹を立てることが、幸せで充実した人生を送るのに役に立つわけではない。

腹を立てることは、いわば「精神的なインフルエンザ」のようなものである。

「怒り」を定義するとしたら、どう言えばいいか。

期待が裏切られたときに生じる反応で、さまざまな機能にブレーキをかけてしまう効果を持つ——ここではそういうことにしておこう。「怒り」はカッとなったり、敵意を示したり、暴力を振るったり、黙りこくったり、といった形で現れる。

単なるいら立ちではない。重要なことは、やはりさまざまな機能を停止させてしまうということである。

そして、**たいていの怒りは、世の中や自分の周囲の人間に、今のような状態ではなく、自分の望むような状態になってもらいたいと願う結果、生じる**のである。

つまり、自分が「そうあって欲しい」と望んでいるのに、自分の思いどおりになっていないから怒るのだ。

怒りというのは、**一種の習慣であると同時に、一つの選択**でもある。つまり、イライラすることにぶつかったときに生じる、一種の条件反射のようなもので、普段ならやらないような行動をついつい取ってしまうのである。

実際、激しい怒りは一種の狂気である。自分の行動を自分でコントロールできないのが狂気であるから、怒りで自分をコントロールできなくなっているときは、一時的に気が狂っているのだ。

怒ってばかりいると、精神的に得るものは何もないどころか、リスクすらもたらす。

肉体面では、高血圧や胃潰瘍《かいよう》、吹き出物、動悸、不眠症、疲労、そして心臓病の原因になることがわかっている。

精神面では、人間関係にひびを入れたり、コミュニケーションを妨げたり、罪悪感や憂うつな気分のもとになったり、たいていの場合は行動にブレーキをかける。

これだけ述べてもまだあなたは納得がいかないかもしれない。それは、怒りというのは腹の中にしまっておくより、発散させてしまったほうがより健康的だと言われてきたからだ。

そのとおり。確かに怒りは抑えるよりも発散させてしまったほうが健康的である。

しかし、健康的と言うなら、怒りなど抱かないほうがもっと健康的である。そもそも始めから腹など立てなければ、怒りを爆発させるべきか、あるいは抑えるべきか、などといって悩むこともないわけである。

破壊的な怒りを建設的な感情に変える

あらゆる感情がそうであるように、怒りというのは、たまたま生じるものではなく、自分の頭で何かを考えたから生じるのだ。

要はこうである。

ものごとが自分の気に入らないように進んでいると、あなたは自分に向かって、「これじゃダメだ」と言い聞かせる。思いどおりにならないことにフラストレーションが生じる。そこであなたは怒るというおなじみの反応を取る。

前の章で述べた「先延ばし」に目的があったように、実は、〝怒る〟という反応にも目的がある（怒りがもたらすメリットについては後述する）。

怒りこそ人間らしい行動の一つであるなどと考えているかぎり、あなたが怒るのも無理はない。何とか腹を立てずにいようなどと考えないからだ。

まだ腹を立てるつもりなら、何としてもその怒りに、はけ口を与えてやることだ。ものごとをぶち壊さないようなやり方で、怒りを発散させるのだ。

もっとも、イライラが溜まる状態になったら、自分は考え方を変えることができるのだと思うこと。そうすると、破壊的な怒りを、建設的な感情に変えることができる。

世の中というのはままならぬものなのだ。

生きているかぎり、苦悩やいら立ち、失望がなくなることはない。しかし、怒りはなくすことができる。**思うようにことが運ばないときに生じる、「怒り」という有害な反応は、取り除くことができる**のだ。

「自分の思うように他人を正すためには、怒るしかないのだ」と、あなたは言うかもしれない。よろしい。では詳しく検討してみよう。

たとえば、二歳の子どもを危険な道路で遊ばせないようにするために大声を上げて叱ったり、動転しているように見せたりするのだと言うのなら、それはよい方法である。

ただし、本気で怒ってしまうと、本当に気が動転してしまい頭に血がのぼり、呼吸が荒くなり、自制心を失って物を投げつけたりすることになる。

自分の行動がより効果を発揮するような方法を選ぶべきではあるが、それによって相手の心を傷つけるようなやり方はやめたほうがいい。

こういうときには次のように考えよう。

「この交通量の多い道路で遊ぶというのは子どもにとって危険なことだ。親としてそれを許すことはできない。そのことを子どもにわからせたい。自分のこの強い気持ちを示すために大声を上げよう。だが、自制心は失わないように気をつけよう」と。

「北風」ばかり吹かしている人

一方で、自分の怒りをコントロールできない母親のことを考えてみよう。

こうした母親は、子どもがくり返しいたずらをするのに対して、そのたびに猛然と腹を立てる。母親が腹を立てれば立てるほど、ますます子どもはいたずらをするように見える。

母親は子どもに向かって金切り声を上げ、部屋へ追い立て、罰を与える。子どもと向かい合っているときはいつも腹を立てているかのようだ。

母親としての彼女の生活は毎日が戦争のようなものだ。彼女は大声を張り上げることしか知らない。夜になると昼間の戦争に疲れ果ててヘトヘトである。

では、母親が腹を立てることがわかっているのに、どうして子どもたちはいたずらをやめないのか。

それは、皮肉なことにいくら腹を立てても、それによって子どもたちの行動を改めさせることができないからだ。

こちらが腹を立てれば、相手はよけいにその人間を怒らせて、操ってやりたいと考えるのだ。いたずらをやめない子どもたちには、いたずらをする彼らなりの根拠があるわけだ。**どういう人間関係であれ、たいていは怒れば怒るほどかえって相手の人間は、これまでどおりの態度を変えようとしなくなる。**

怒らせてしまったほうの人間はオドオドするかもしれないが、その反面、自分が相手の気に入らないことをすれば、いつでも思いどおりに相手を怒らせることができるのだ、と気づくのである。

そこで、これを利用してこっちも復讐してやろうということになる。

ある人物の行動に対して腹を立てるということは、その人物からその人の行動の自由を奪おうとしているのと同義である。

腹を立てる人間は心の中でイライラと、こんなふうにつぶやく。

「どうしてお前は、もっと私と同じようにしないんだ。私と同じようにすれば、腹を立てる代わりに、お前のことを好きになれるのに」

しかし、他人がいつも自分と同じように考えたり、行動したりすることは絶対にない。人もものごとも、自分の意のままにならないことのほうが圧倒的に多いのである。

それが世の常だし、それが変わる見込みなどない。

したがって、気に食わない人物やものごとに出会うたびにいちいち腹を立てていたのでは、そのたびに思いどおりにならない現実に傷つき、何も手につかない。

変えることが不可能なものに対して、腹を立てるということの愚かさは明白だ。

腹を立てる代わりに、**「他人には自分とは違ったふうに考え、行動する権利がある」**と思うのがいい。気に食わないかもしれないが、そう考えれば腹を立てる必要はなくなる。

腹を立てれば立てるほど、他人はますます意固地になるだけで、先に述べたように、ストレスが溜まったり心が苦しくなったりするのがオチである。

腹を立てるほうを選ぶか、それとも、怒りを取り除くような考え方を選ぶか、それはあなたが決めることである。

ストレスを生まない「ものの考え方」

ひょっとしたら、あなたは今まで述べてきたような「怒りをまき散らす人」とは違うかもしれない。

むしろ「腹の立つことが山ほどあっても、それを表に出すようなことはありません」という人だ。こういう人は、怒りを腹のうちにしまって言葉に出さないが、そのために胃潰瘍になったりして、いつも苦悩を抱えがちである。

しかし、実のところ、このような人も**周囲の人間やものごとが自分の思いどおりになるべきだと考えている点で、怒りを爆発させる人と変わりはない。**

心の底では「あいつらさえ自分の思いどおりになってくれれば、こんなに腹が立ったりしないのに……」と思っている。

これは間違った理屈である。そして、こういう考え方を頭の中から排除することが、ストレスをなくす秘訣だ。

たとえば、心の中で次のように考えるのである。

「あの男が自分でバカなことをしたがっているのだから、何も俺が腹を立てることはない。バカな行為の責任は俺ではなくて、あいつが取るのだ」

「ものごとは自分の思いどおりにはならないものよ。気に入らないけれど、カッとならないようにしよう」

このように新しい勇気あるやり方で怒りを解消させていくのが、まず第一歩である。

そして、外部の事柄によって自分の心が乱されないような、ものの考え方をする。

自尊心を持ち、他人にコントロールされることを拒むことによって、怒りで自分を傷つけることをなくすことができる。

2　チャーチルが語った「心の太陽」

怒り、かつ同時に笑うなどということはできない。
怒りと笑いは、互いに避け合うものだからだ。
あなたは自分で怒りのほうを取ることもできるし、笑いのほうを取ることもできる。
イギリスの政治家ウィンストン・チャーチルは次のように言っている。

愉快なことを理解できない人間に、世の中の深刻な事柄がわかるはずがない。これが私の信条である。

あなたはものごとを深刻に考えすぎるのかもしれない。
健康な人たちに共通して見られる特筆すべき特徴は、おそらく「ユーモアを愛している」ということかもしれない。

他人を笑顔にすることを心がけ、人生の不条理を一歩下がって観察してみる——これは、怒りを生じないようにするためのいい方法だ。

世の中全体においては、あなたが何をしようと——あなたが腹を立てようが立てまいが——そんなことはナイアガラの滝にグラス一杯の水を投げ込んだ程度の影響しかない。

あなたが笑いを選ぼうと怒りを選ぼうと、そんなことは世界にとって、どっちだっていい。

しかし、笑いを選べば現在が楽しくなり、怒りを選べば現在がみじめなひとときになる。

それが、自分にとっての人生をつくるのだ。

自分や自分の人生のことをあまりに思いつめると、深刻に考えすぎることのバカバカしさを、客観的に気づくことができなくなる。

全然笑わないというのは、心がおかしくなっている証拠である。

自分のことや、自分の行動について過度に深刻になりすぎてしまうときは、自分には現在というこの時間しかないのだということを思い出そう。

笑えば楽しくなるのに、どうして腹を立て、なぜ現在という瞬間を浪費するのか。

笑うためにいちいち理屈をつける必要はない。

この奇妙な世の中に住んでいる自分と他人をまず観察してみよう。それから、腹を立てながら生きていくか、ユーモアのセンスを育てながら生きていくかを決めていこう。

3 無益なイライラに要注意！

怒っている人間はいつでも、どこにでもいるが、その怒りにも、穏やかなものから激しいものまで程度の差がある。

怒りは人間関係をむしばむガンだが、これにはどんなに学識のある人物も冒される。

次に、人がついカッとなってしまう例をいくつか挙げておく。

▽自動車運転中の怒り

ドライバーというのは自分以外のドライバーに対しては、どんなことにも怒り心頭だ。もっとスピードを出せ。そんなにスピードを出すな。どうしてウィンカーを出さないのだ。ウィンカーの出し方が違う。むちゃな車線変更をするな、などと言ってカッカする。

あなたも、他人の運転に腹を立てたことが何度もあるだろう。

また、道路が渋滞していると、必ず怒りの発作におそわれ、歩行者に向かってノロノロするなと罵倒する。

これらはすべて、次のようなたった一つの考え方しかできないからだ。

「何でこんなことが起こるんだ。こんなことが起こるから俺は腹を立て、他人も不愉快になるんだ」

▽ゲームをしているときの怒り

テニスやブリッジ、ポーカーなどのゲームは、怒りのもとになりやすい。

パートナーやゲームの相手が、うまくやらないとか、ルールを守っていないなどと言って腹を立てる。

テニスのゲームでは、エラーをしたからといってラケットを投げつけたりする。地団駄を踏んだり、ものを投げたりするのは、他人をののしったり暴力を振るったりするよりは多少ましなのかもしれないが、それでも、そういうことをする人間は、現在という時間を浪費している人である。

▽場違いなものごとや人間に対する怒り

その場にいるべきではない人間がいたり、起こるべきでないことが起こったりすると、激しく腹を立てる人がいる。

たとえば、車を運転している人は、車道に自転車に乗った人や歩行者がいたりすると、やっきになって追い出そうとする。こういうときの怒りというのは、とても危険だ。いわゆる交通事故の多くは、こうしたコントロールの利かなくなった怒りが原因となって起きるからだ。

▽税金に対する怒り

税金の額などが気に食わないと言っても、税法を変えることはできない。

▽他人のずさんさ、だらしのなさに対する怒り

先にも述べたが、怒ったところで他人が態度を改めることはまずありえない。

▽物に対する八つ当たり

むこうずねをぶつけたり、金づちで親指を打ちつけたりしたとき、悲鳴を上げるのは当然であるが、真っ赤になって腹を立て、壁をこぶしでなぐったりするのは、無意味なばかりでなく、自分が痛い思いをするだけだ。

▽なくしてしまったものに対する怒り

いくら腹を立てても、なくしたカギや財布が出てくるわけではない。腹を立てればかえってうまく探せなくなるだけ。

▽自分の力ではどうすることもできない世の中のできごとに対する怒り

国内の政治や外交、経済などが気に食わないといって腹を立てても、それらのことは少しも変化しない。

4　絶大な効果を生む「感情中和法」

腹の立つ人間やできごとに出会ったら、これまでのようにすぐ怒りのスイッチを入れるのではなく、違った考え方をして、より建設的な行動を取るようにするのだ。

具体的な方法を次に挙げておこう。

▽腹を立てそうになったら、自分は今どのように考えているかを自覚する。そして、これまでいつもそう考えてきたからといって、同じように考える必要はないのだということを思い出す。**自分の考え方のプロセスを自覚する**ことが一番重要。

▽腹を立てるのを少しでも先に延ばそうと努力する。ある状況で怒りが爆発しそうになったら、十五秒間先に延ばす。そのあとで、いつものように怒る。次は三十秒間我慢をする。このようにして、爆発させるまでの時間をだんだん延ばしていく。

これは怒りをコントロールするトレーニングだ。練習を重ねれば、最後にはまったく怒らずにすむようになる。

▽子どもに何かを教え込むために、怒りを利用する場合には、「怒ったふり」に留めること。大声を上げたり、しかめっ面をするのはよいが、本気になって肉体的にも精神的にも苦痛を与えることがないようにする。

▽自分をごまかしてまで、嫌いなことでも楽しめると思い込まないこと。嫌いなら嫌いでいいのであって、そうすれば無理をすることがなくなり、腹を立てる必要がなくなる。

▽腹が立ったとき、人は誰だって皆、自分のやりたいことをやる権利を持っているのだということを思い出す。

他人に対して、自分の流儀を押しつければ、ますます腹が立つだけだ。**自分が自分の権利を主張するように、他人にだって行動を選択する権利がある**ことを認めよう。

▽あなたが腹を立てそうなそぶりを見せたらそのことを教えてくれるように、信頼できる友人に協力を求める。

口頭で教えてもらってもいいし、何か合図を決めておいてもいい。合図を受けたら、今、自分が行なっている行動を振り返ってみて、怒りの爆発を先へ延ばすよう努力してみる。

▽腹を立てたときのことを日記につけておく。正確な日時と場所と原因を書きとめておく

のだ。腹を立てたできごとをこと細かに、すべて残らず記録してみる。
続ければ、記録するという行為自体によって、腹を立てない自分に変わっていく。
▽怒りを爆発させてしまったら、そのあとで、先ほどはつい腹を立ててしまったけれども、自分は何とか腹を立てないようにがんばっているところなのです、と周囲の人に宣言するのだ。
口に出して言えば、自分のやったことをはっきり自覚することになるし、腹を立てまいと努力している証明にもなる。
▽腹を立てそうになったら、自分の愛する人のそばにいるようにする。
愛する人間の手を握ることも怒りをやわらげる一つの方法である。手を握るという行為が自分の性分に合わなくても、怒りが収まるまでは握っていよう。
▽一番よく怒りをぶつける相手と、腹を立てていないときに話し合う。
お互いに相手をもっとも怒らせるような行動は取らないようにし、意思の疎通をはかる方法を見つけていこう。

ノートを交換したり、第三者を間に立てたり、頭を冷やすために散歩をするといった方法を試してみる。そうすれば、意味もなくいがみあうことはなくなるものだ。散歩して頭を冷やしてみれば、けんかの愚かさがわかるようになる。

▽自分の感情や、相手の感情を分析することによって、最初の数秒間怒りを鎮めるようにする。

最初の十秒間が大切で、十秒間が過ぎてしまえば、たいてい怒りは収まってしまうものだ。

▽**自分が正しいと信じていることの、半分は他人の反対にあい、残りの半分は時流の反対にあう**ということを念頭に置いておくこと。他人とは意見が相容れないことがあるものだと、あらかじめ覚悟しておくのだ。

世の中というのは、人それぞれ、考え方や感じ方、言動が異なっているからこそ、うまくいっているのである。

▽怒りは腹の中に溜めておくよりも表に出したほうが健康的ではあるが、腹を立てないようにするほうがもっと健康にいい。

腹を立てることは自然なことだとか、人間だから仕方ないなどという考えを捨ててしまおう。

▽他人に期待するのをやめてみる。期待するのをやめれば、「裏切られた」といって腹を立てることもなくなる。

▽子どもというのはうるさく暴れまわるものだということを肝に銘じておくこと。「騒々しい」という子どもの本性を変えることは絶対にできないのだから、腹を立てるのは無意味なことである。
▽自分を大切にすること。そうすれば、腹を立てて自分を傷つけるようなことはしようと思わなくなる。
▽イライラのもとになるような状況を、ただ何もせずに受け入れるのではなく、変化させるために挑戦してみる。そうすれば、腹を立てている暇などなくなる。

結局、怒りというのは、他人やものごとを利用して、自己のネガティブな感情を表明しようとする手段なのである。

何度もくり返すが、われわれは自分の行動や感情を、他人によって「そうさせられている」のではなく、自分で選んでいくことができる。

10章

「充実人生」へ
今を楽しみ、もっと
シンプルに生きられる

Your Erroneous Zones

1　どんなときでも「創造的に生きる」！

自分で自分をダメにするような行為を、一切しないで生きている人など、現実に存在するのだろうか。

それは、存在する。

あなたも自分を活かし、持てる能力をあますところなく発揮することができる。自分の意志しだいで完全に心の健康を手に入れることができる。

この章では、間違った思い込みを脱出した人はどのように考え、ふるまっているのかを紹介していこう。

そういう人たちは、普通の人とはちょっと違っている。一見したところでは普通の人と変わらないのではあるが、普通の人にはない独特なものを持っているのだ。

それは人種の違い、あるいは経済的、性別の違いとは関係がない。また、普通われわれが人を分類するときに伝統的に使ってきた、外面的な要素によって識別することはできない。

彼らは金持ちであることもあるし、貧しい暮らしをしていることもある。男性である場合もあるし、女性である場合もある。欧米人である場合もあるし、東洋人である場合もある。特定の地域ではなく、あらゆるところに住んでいるし、特定の仕事についているわけではない。

要するにさまざまな人間であるわけだが、たった一つ共通の特徴がある。

2 人生の達人が一〇〇%実行している「極意」

第一に明らかなことは、こういう人は人生のどんなことも「楽しんでいる」ということだ。何においてもおもしろく工夫し、不平をこぼしたり非現実的なことばかり願って時間を浪費したりすることがない。

人生に対してきわめて積極的で貪欲である。散歩、映画、スポーツ、コンサート……何でも好きである。都会も牧場も山も、それに動物も好きである。人生すべてが好きなのだ。

こういう人のそばにいると、彼らは不平を言ったり、ため息をついたりしないことに気づくだろう。雨が降れば雨が好きだと言い、暑ければ暑いのもいいと思う。

交通渋滞に巻き込まれようが、パーティに出席していようが、あるいは独りぼっちでいようが、ありのままの現実と素直にうまくやっていこうとする。

楽しくないのに楽しいふりをしているのではない。現実をそのままスマートに受け入れるのであり、現実を楽しむ特別な能力を持っているのである。

彼らに嫌いなものは何かと、聞いてみるがいい。何と答えたらいいものか困りはててしまうことだろう。

雨が降ってきたといって、すぐに家の中に飛び込んでしまうような感覚の持ち主ではないのだ。彼らには、雨は美しくスリリングなものであり、おもしろい経験をもたらしてくれるものだからである。要するに雨が好きなのだ。

道にぬかるみがあっても、彼らは腹を立てない。ぬかるみを観察し、その中にザブザブと入っていく。ぬかるみも、自分の人生の一部として受け入れるのだ。ネコもクマもミミズでさえも好きなのだ。

彼らとて病気や災害といった不幸は歓迎しないけれども、それらについて泣き言を言ったり、「どうして自分ばっかり……」とブツブツ言ったりして、今という時間をムダに費やすことはしない。

今置かれている状況を改める必要があるときは、そうなるように努力をする。

しかも、その仕事を楽しみながらやる。

実際彼らは、心ゆくまで人生を楽しんでおり、可能なかぎり人生からあらゆるものを得ていこうとしているのである。

自分をごまかさずに生きるから強い

彼らは「ありのままの自分」を受け入れる。

自分が人間であり、人間である以上、それぞれ何がしかの特質を持った存在であることを知っているからである。

自分がどのように見えるかを知っており、それをそのまま受け入れる。

背が高いことはけっこうだが、低いのもまたよしなのだ。頭がはげているのもいいし、毛がフサフサしているのもいい。

どちらであれ、懸命に人生を生きていればよい。

肉体的欠陥をごまかそうとはしないで、そのままを受け入れる。テクニックを弄して本当の自分を隠そうとしたりしない。

自分が好きだから、ありのままの自分を受け入れる。同様に、世の中のものごともそのまま受け入れる。今とは違うふうであってほしいなどとは思わない。他者の人間らしさに対しても、腹を立てるのは筋が通らないと思っている。


暑さや雨など、自分の意思で変えられないことについてグチをこぼさない。自分と世の中を丸ごと受け入れて、ごまかしたり、不満を言ったりしない。

こういう人たちのそばに何年一緒にいても、彼らが自分を非難したり、かないようもない願いごとをするのを決して耳にすることはないだろう。黙々と自分の思うところを実行するだけだ。

子どもが自然の世界をそのまま受け入れ、そのすばらしさを満喫するように、彼らがありのままに世の中を見つめていることがわかるだろう。

3 好奇心と明日へのエネルギー

心にわだかまりがなく人生を楽しめる人は、とても好奇心が旺盛である。飽くことのない好奇心のかたまり。毎日毎日、新しい知識を求め、成功しようが失敗しようが、おかまいなしにすべてのことに挑戦してみる。

うまくいかなかったり、多くの成果を挙げられなかったら、そのときは後悔してクヨクヨせず、いさぎよくあきらめてしまう。

彼らは学び続けるという意味で「真理の探究者」であり、いつもワクワクしながら新しい知識に挑戦する。もうこれだけ身につけば十分だとは決して思わない。

理髪店へ行けば、髪のカットの仕方を知りたくなる。自分が人より優れているなどとは思わないので、他人の称賛を得ようと自慢をすることは決してない。

子どもや株の仲買人や動物たちからも学ぼうとする。溶接工や料理人たちの技術を知りたいと思う。

彼らはいつも生徒であって先生ではない。

いくら学んでも学び足りないので、知識をひけらかしていばったりはしない。そんなことはしたいとも思わないのだ。

どんな人物、どんなものごと、どんなできごとに出会っても、もっと知識を吸収するいいチャンスだと思っている。

また自分が興味のあることを、貪欲に追求する。教えてもらうまで待つのではなく、こちらから追求していく。

ウェイトレスにも気さくに話しかけるし、歯医者に行っても、治療法のメリット・デメリットを物怖じせずに聞く。作家には、「このフレーズはどういう意味ですか?」と、人が尋ねないようなことを率直に質問する。

彼らは失敗を恐れない。実際、失敗を歓迎することすらよくある。

仕事で立派な業績を残すことと、人間的に立派であることは別のことであると考えている。

自分の価値は自分の内部にあると思っているので、外部のできごとは、客観的に判断することができる。

失敗というのは他人の一つの批評にすぎないことを、また、失敗してもそれは自分の価値をそこなうものではないことを知っている。

楽しいから何にでもトライするし、参加する。

何ごとも恐れず、はっきりとしたものの言い方をする。

同じく、他人やものごとに腹を立てて、思考停止に陥らない。

自分についてもそうであるが、他人の行為やものごとに対しても、かくあるべきだなどと勝手に思い込まない。

ありのままの他人を受け入れ、ある事柄が気に食わなければ、気に入るように努力して変える。

他に対して期待するところがないから、裏切られたといって腹を立てることもない。

自分で自分をダメにしてしまうような感情を取り除くことができ、自分の心を上向かせる努力をしている。

〝後ろめたさ〟を感じないで生きる

充実した人生を送っている人は、過ぎてしまったことをクヨクヨと考えて、現在をムダにしているという後ろめたさも感じないし、そもそも悩むこともない。

もちろん、彼らも間違いを犯すし、それを認めて二度とくり返すまいとするが、いたずらに悩んで時間を浪費することはない。

前に自分がやったことが気に入らないからといって、自暴自棄になり、現在という時間を無意味に過ごしてしまうことはない。

自分の心の中に、後ろめたい気持ちがまったくないということは、健全な人間であるまぎれもない証拠の一つである。

過ぎたことを嘆くことはしないし、また他人に向かって「どうしてもっと違うやり方でできなかったの?」とか「あんなことをしておいて、よく平気だな」などと言って、罪悪感を抱かせるようなこともしない。

「これまでの人生はこれまでの人生だ。思いわずらったところで過去を変えられるわけではない」ということが腹の底からわかっているのだ。

彼らが罪悪感を覚えないのは、意識して努力した結果ではない。それが自然なのだ。だから、他人にも罪悪感を植えつけない。

現在をつまらないと思ったところで自分がみじめになるだけだし、過去から学ぶほうが、過去を咎《とが》めるよりもはるかに優れた行為であることを知っている。

彼らは、自分はいかに気分が悪くなったかということを相手に訴えて、そのことによって相手を思いどおりに操ろうなどとはしないし、そもそもそんな手口で彼らを操ろうとしてもムダだと知っている。

彼らは決して腹を立てない。ただ、**かかわらないようにするだけ**だ。腹を立てるよりも立ち去ってしまうか、あるいは話題を変えようとする。

普通の人にはうまく功を奏する戦術も、彼らには通用しない。

自分が罪悪感でみじめな思いをしたり、あるいは他人にそうした思いをさせたりするよりは、うまくやれるときにやればいいさと気楽に構えている。

常に現在という時間を味わう

同じように、心にわだかまりのない人は、「取り越し苦労」をするということがない。

彼らとて、いついかなるときも冷静でいられるわけではないが、自分から進んで将来のことについてあれこれ悩み、現在を浪費することはしない。

彼らの心は常に「今」に向けられている。

すべての意識は現在に向けられること、現在の生活を後まわしにするというのは愚かなやり方であるということを、常に心に留めている。

こういう人たちは、過去や未来ではなく「今」を懸命に生きる。

未知のことにおびえたりせず、未知の経験を自分から求めていく。あいまいなものを探究していくのが好きだからだ。

彼らは、常に現在という時間を、精いっぱい味わうようにしている。とにかく**自分が何かできるのは、「今」だけだということを知っている**のだ。

未来の計画を立て、その予定が現実になるときまで何もしないでぼんやり待つ、などということをしない。一瞬一瞬が同じように生きがいのある人生なのである。

彼らは、まさかのときに備えて、ことを先に延ばすようなことはしない。

世間の常識が自分の生き方を認めないからといって、自分を責めたり、卑下したりはしない。

彼らは、楽しいことを待ちぼうけする愚かさを知っているがゆえに、常に現在を楽しく暮らそうとする。

まったく自然な生き方で、子どもや動物の生き方とたいへん似ている。

その他大勢の人たちは、「棚からぼたもち式」の生き方で、結局何も得ることなく過ごしているが、彼らは「今この瞬間」を充実させるのに大忙しである。

4 「自分のために生きる」ということ

こうした、心が健康な人々の特徴は、**「自立心が強い」**ということである。

家族に対して強く深い愛情を持っているが、あらゆる人間関係において、依存よりも自立のほうが大切であると思っている。

自分自身の自由を大切にし、他人に期待されることによって自分を縛らないようにする。

彼らの人間関係は、個人の権利を互いに尊重しあうことから成り立っている。**彼らの愛情は相手に価値観を押しつけることがない。**

彼らはプライバシーを何よりも大切にする。たとえ他人の反感を買おうともである。

彼らはときどき一人になりたがる。プライバシーを守るためにさまざまな工夫をする。そして、八方美人になるようなことはしない。

自分が愛する人は慎重に選ぶ。そして、その愛情は深く細やかなものである。

自立していない不健全な人は、こういった健康な人たちのことをなかなか好きになれないかもしれない。というのも、心が健康な人たちは、自分の自由のこととなると頑として意志を貫くからである。

誰かが彼らに助けを求めても、助けることが、自分自身にもその当の人物のためにもならないと判断すれば、きっぱり断ることもある。

彼らが求める人物というのは、人を頼りきりにしない、いつもしっかり自分の足で立っている人であり、自分の意志でものごとを決定し、自分の力で自分の人生を生きているような人である。

彼らは人とつき合うのが好きだし、一緒にいたいと思うのだが、人が自分を支えとして寄りかかってこなければもっといいと思う。

だから、こういう人の包容力を頼りにしすぎると、たちどころに無視され、その場を立ち去られてしまう。

彼らは、むやみに頼られることも頼ることも拒否する。

子どもに対してはやさしくふるまうけれども、絶えず大きな愛情をもって、子どもたちが自立していくように背中を押してやる。

他人に振り回されない芯の強さ

こうした幸福で充実した人生を送っている人というのは、普通の人たちとは違って、他人に自分の行動をいちいち認めてもらおうとしない。他人に認められたり、称賛されたりしなくとも、ちっとも気にかけずに自由に行動できる。

多くの人が求めるように、名誉など求めない。他人の意見に振り回されることがないし、他人が自分の言動を気に入ろうと入るまいとほとんど気にしない。

他人を感動させてやろうとか、他人の目に留まるような行動をしてやろうなどという気も一切ない。心の軸が自分の内側にあるので、外部の評価には関心がないのである。

評価や称賛には淡泊である。彼らにはそんなものは必要ないように思える。

自分の正直な気持ちが、相手に伝わろうが伝わるまいが平気でいられる。**自分の言いたいことを、相手の気に入るように、言葉を変えて伝えるようなことはしない**からだ。

人に何を言われようと、それをクヨクヨ気にかけて、何も手につかなくなるということがない。

人から何かを言われれば、それを自分自身の価値観のふるいにかけ、自分の成長のために生かそうとする。

すべての人間に好かれる必要があるとは思っていないし、自分のなすことをすべて他人に認められたいという願望も持っていない。

自分が常に、一部の人間たちから不評を買うであろうことも承知している。

他人ではなく、自分自身が命ずるままに行動できるという点で、彼らは普通の人とは異なっているのだ。

嘘は〝不自由〟の始まり

充実した人生を送っている人たちのもう一つの特質は、その正直さである。

責任逃れをしたり、体裁をつくろったり、嘘をついたりはしない。

嘘をつくことは、自分自身が直面している現実を歪曲してしまうことだと思っている。だから、そういう自己欺瞞《ぎまん》的なことはしない。

嘘をつくことによって、他人を守ることができるような場合も嘘をつかない。その人自身を尊重し、その人に責任を持ってもらいたいと考える。

傍から見ると冷たいように見えるかもしれない。だが、彼らはただ、他の人たちも自分のことは自分で判断できるだろうと、信頼しているだけなのだ。

こういう人は他人を責めない。

彼らは自分の人格に関しては常に心の内側に目を向ける。

「今の自分がこうなったのはあいつのせいだ」などというふうには考えない。

同様に、他人があれをやらなかったとか、こんなことをしたとか言って、時間をつぶすようなことはしない。

他人のことをあれこれ言うのではなく、他人とともに語り合う。

責任を他人に押しつけるのではなく、他人とともに責任を分かち合おうとする。

他人の噂話をしたり、陰口をたたいたりはしない。自分の人生を充実させるのに忙しいので、他人のつまらない行為につき合っている暇はないのだ。

彼らは「行動する人」であって、「批評家」でもなければ、「不満屋」でもない。

自分の想像力を行動に生かす

彼らは周囲の価値観に自分を合わせるということをしない。

といって、彼らが反抗的な人間なのではない。たとえ他人と衝突することになろうとも、自分のことは自分で決定していく人なのだ。

道理にかなっていなければ、些細《ささい》なルールは無視してしまえるし、伝統的なしきたりでも、それが自分にとってつまらないものであれば、静かに肩をすくめて拒絶してみせる。

自分というものをしっかり持った人間だということだ。

社会は自分の人生において重要なものであると思ってはいるが、社会に振り回されたり、奴隷のように服従させられたりするのは拒む。

社会を反抗的になって攻撃するようなことはしないが、社会を無視して行動すべきときを確実に心得ている。

彼らは、決まりとか組織、制度といったものに、ほとんど関心がない。

自分を律する行動規範は持っているけれども、他人や環境をそれに従わせたいという欲求は持っていない。つまり、「他人はこうあるべきだ」というような考えは持っていないということだ。

誰もが自分の意思で選択して行動すればよいと思っている。他人の判断に従って行動するから、つまらないことで頭がおかしくなってしまうのだ。

彼らは、世の中はかくあるべきだというふうに固定的に考えない。何でも清潔でなければならないとか、整然としていなければならないとかいうふうに、先入観をもって見ない。

自分が活動しやすいのが一番いいと思っている。

すべてが必ずしも自分の望むようになっていなくともいいと思っている。

組織も彼らにとっては目的を達成するための手段にすぎない。組織に縛られることがないからこそ、ユニークな活動ができるのである。

どんな問題であれ、自分なりのやり方で処理する。それが料理をすることであれ、報告書を書くことであれ、草刈りをすることであれ……。

彼らは自分の想像力を行動に生かす。だから、あらゆることに独創的なアプローチができる。

一定の手続きを踏んでものごとを進めなければならないと思っていない。

自分の頭で考えずにマニュアルを見たり、専門家に丸投げしたりもしない。

自分で一番いいと思ったやり方で問題に取り組む。彼らは一人残らずクリエイティブだ。

5 「天真爛漫」の舞台裏

充実した人生を送っている人は、人の行動に対する洞察力を持っている。

だから、他人には見えない複雑な事柄でも、はっきりと明快に見通すことができる。問題を解決するのに、感情を持ち込まないのである。

彼らにとって問題というのは、乗り越えるべき一つの障害物にすぎないのであって、自分の個人的な感情を反映させるべきものではない。

自分にとって大切なものは心の内にある。だから、**外的な事柄を客観的に見ることができ、心の内側にある大切なものを脅かすとは考えない。**

普通の人には、彼らのこの考え方がなかなか理解できない。大部分の人は、外的なできごとや思想や人間に、簡単に脅かされてしまうからである。

しかし、自立している健全な人というのは、外的なものに脅かされるということがない。そうでない人には、彼らのまさにこういうところが脅威に見えるのだろう。

人を笑わず、人とともに笑う

人生を楽しめる人は、いかに笑うべきか、いかにして笑いをつくり出すかを知っている。どんな状況の中にもユーモアを見出し、まじめくさったものも、不合理なものも、全部笑いとばす。

他人を笑わせるのが大好きで、また笑わせるのがうまい。深刻な顔をして、重々しい態度で生きている人間ではないのだ。

場違いなときに軽々しいことをするといって、よくひんしゅくを買うけれども、彼らにとって「タイミングを選ぶ」などという言葉は辞書にないのだ。

現実の世の中は、しかるべきときにしかるべきことが起こることはない、ということを知っているからである。彼らはつじつまの合わないことが好きなのだ。

とはいっても、敵意から笑いをつくり出すのではない。人をあざけって笑いをつくり出すようなことは決してしない。

彼らは人を笑うのではなく、人とともに笑うのだ。

人生を笑うのではなく、あらゆるものを笑いの種として見る。たとえ、自分の仕事に真剣に取り組んでいてもである。

他人がおのずから楽しくなれるような雰囲気をつくり出すことができ、自分も楽しむことができる。

一緒にいると楽しくなるような人間なのである。

自分を飾らず、他人を外見で批判しない

この幸福な人たちは、相手に対して防衛的に構えたところが見事なほどない。

他人と競って相手の鼻を明かしてやろうという気持ちもない。

他人にほめられようとして、自分を飾ることをしないし、謙遜に努めることもしない。

彼らの態度は飾らず、さり気なく自然である。

大事でも小事でも、それを特に問題化しようという気にならない。

口角泡を飛ばすような論争をしないし、カッカして、相手をやり込めるような議論の仕方はしない。

淡々と自分の意見を述べ、相手の意見に耳を傾けるだけである。**無理やり持論を相手に押しつける不毛さを知っている**のだ。彼らは次のように言うだけだ。

「そうですか。どうやら私たちはそれぞれ違う意見のようですね。まあ、しかし、何も無理して一致させる必要はありませんよ」

それ以上は問題としないのだ。

相手を言い負かして意見を一致させようとか、相手の間違いを指摘し、説得して改めさせようという必要を感じない。

彼らは相手に悪い印象を与えることを気にしないが、わざとそうしようとしているわけではない。

彼らは無益な争いは決してしない。出世するためならどんなことにもすぐに飛びつき、時流に乗って人の先頭に立とうとするタイプではない。

人と争うことが何か変化をもたらすのであれば、あえて争うことも辞さないが、無益な争いは必要ないと思っている。

彼らは殉教者ではない。行動する者であり、他人を助けようとする人間である。

他人の生活を、より楽しく快適なものにするような仕事にいつも取り組んでいる。**社会を進歩させるために、最前線で戦っている戦士**なのである。

しかし、その戦いを夢の中までは持ち込まない。だから胃潰瘍《かいよう》になったり、心臓病になったり、その他の病気にかかることがない。

彼らは固定観念でものごとを判断しない。

国籍や民族、体格や性別などは、ほとんど念頭にないことが多い。他人を外見で判断する浅薄な人間ではない。

彼らは一見享楽的で利己主義者のように見えるが、多くの時間を他人の役立つことに割いている。

それは、彼らがそうすることが好きだからに他ならない。

6 〝健康〟と〝パワー〟を思いどおりに手に入れる

充実した人生を送っている人は、病気とは縁遠い人間である。

彼らは自分が風邪とか頭痛で、何もできなくなるとは思い込まない。そうした病気を治す力が自分にはあると信じている。

自分はいかに気分がすぐれないかとか、いかに疲れているかとか、持病にいつも悩まされているとかいうことを、他人に触れ回って歩かない。

彼らは健康管理がうまい。自分が好きだから、よく食べ、規則的に運動し、病気にならないように心がけている。

多くの人は、これをやらないから病気になって、しょっちゅう動けなくなってしまう。

彼らは充実した人生を送りたいから、自分の健康に気をつけるのだ。

彼らは、エネルギーにあふれている。

彼らは仕事を完成させるために、ものすごいパワーを発揮することができる。人生を充実させるために、その仕事を自分で選んだからである。

彼らのエネルギーは超人的な肉体から生じるのではない。それは人生を愛し、アクションを取ることを愛しているからだ。

彼らは退屈するということを知らない。彼らにとっては**人生のあらゆるできごとが、行動や思考や感動をうながすいいチャンス**である。

いかにして、人生のあらゆる場面に、自分のエネルギーを注ぎ込むかを彼らは知っている。彼らはたとえ監獄に入っても、クリエイティブに頭を働かせて、ものごとに対する関心を失わないようにするだろう。

彼らの生活に「退屈」という文字は存在しない。他人と同じエネルギーを持っていても、それを自分のためにイキイキと使うからである。

7　これが人生だ！

心にわだかまりのない人たちは、自分の価値が、自分の属する狭い集団の中にあるとは考えない。

家族、近所、地域、町、国家などと自分を同一視しない。

自分は人類という大きな集団に属しているのだと考える。

オーストリア人もアメリカ人も日本人もみんな同じであって、どの国の人が優れているということはない。

彼らは偏狭な愛国主義者ではない。自分は人類全体の一員であると考えている。

敵が少しでもよけいに死んだといって、喜ぶようなことはしない。敵も味方と同様、人間なのだから。

人間が勝手につくったさまざまな分類のための境界線は、守る必要がないと思っている。

彼らはそうした**昔からの境界線にこだわらず、平然と無視するので、しばしばはみ出し**

者だとか、裏切り者だとかいうレッテルを貼られることにもなる。

彼らには英雄やアイドルがいない。あらゆる人間を一人の人間として見る。人間として、他人も自分も同じように重要だと考える。

心にわだかまりのない人は、いちいちうるさく「公平さ」を要求しない。

ある人間が他人よりもよけいに特権を持っていれば、それを理由に腹を立てるのではなく、「その当人にとって、きっと有益なことなのだから」と言うだけだ。

試合においては、自分が勝つために相手がヘマをすればよいとは願わず、相手にもいいプレーをしてほしいと思う。

他人の失敗によって自分が得するよりは、自分自身の力で勝利を得、いい成果を挙げたいと思う。

すべての人間が平等に分け前を与えられるべきだ、などという主張をせず、自分自身の幸福を自分の内側に求める。

他人のことをあれこれ批評することをしないし、他人の不幸を喜ぶようなこともしない。

自分の人生を生きることに忙しいので、周囲の人間のしていることにかかわり合っていられないのだ。

何よりも大切なことは、彼らが自分自身を愛しているということだ。

「成長したい」という願望に、背中を押されて彼らは行動する。

どちらかを選択せよと言われたら、必ず彼らは自分を大切にするほうを選ぶ。

自己憐憫《れんびん》や自己否定や自己嫌悪に陥る隙を、自分に与えない。

彼らに「自分のことが好きですか」と尋ねれば、ただちに「もちろん、好きですよ」という答えが返ってくるだろう。

毎日が楽しく、平穏で、充実している。

もちろん、困ることや悩みごとがないわけではないが、そのために感情的に動揺してしまって何も手につかなくなる、ということがない。

心が健全であるかどうかは、すべって転んだときにどういう行動を取るかによってわかる。

彼らは転んだまま泣いているだろうか。いや、すぐに立ち上がり、泥を払い落として、再び歩き始める。

心にわだかまりのない人たちは、今ここにない幸福を追い求めたりはしない。今、生きていることがすなわち、彼らにとっての幸福なのだから。

次に引用するのは、『リーダーズ・ダイジェスト』誌に掲載された幸福論の一節である。これまで述べてきた充実した生き方を、まさに要約してくれている。

幸福を見つけようとすることが、何よりも幸福から遠ざかってしまうことなのである。

歴史家のウィル・デュラントは、知識の中に幸福を見出そうとしたが、見つけたものは幻滅だけだったと書いている。

彼は次に旅行の中に幸福を求めたが、退屈しか見出せなかった。

さらに、富の中に求めたが、仲たがいと心配しかなかった。

著述の中に幸福はないかと探したが、疲労しかなかった。

ある日彼は、眠っている赤ん坊を抱いた女性が、小さな車の中で夫を待っているのを見かけた。

しばらくすると、夫が列車から降りて近づいた。そして、その女性にやさしくキスをし、次に、その赤ん坊にも、眠っているのを起こさないように、そっとキスをした。

それから、その家族は車で去っていってしまったのだが、後に残されたデュラントは、そのとき、はたと幸福の実体に思い当たった。

向きになって幸福を追求するのをやめてみたら、「日常生活のすべての営みが幸福を含んでいる」ことに気がついたのである。

「今」というときを最高に充実させることによって、あなたも、幸福の傍観者ではなく、幸福な人間の一人になれるのである。

自分を縛る思い込みから解放され、自由になるというのは、考えただけでもすばらしいことである。

そしてあなたにその気さえあれば、ただちにその道を選ぶことができる。

（了）

本書は、小社より刊行した同名の文庫本を再編集したものです。

自分《じぶん》のための人生《じんせい》

著　者——ウエイン・W・ダイアー

訳・解説者——渡部昇一（わたなべ・しょういち）

発行者——押鐘太陽

発行所——株式会社三笠書房

〒102-0072 東京都千代田区飯田橋3-3-1

電話：(03)5226-5734（営業部）

：(03)5226-5731（編集部）

http://www.mikasashobo.co.jp

印　刷——誠宏印刷

製　本——若林製本工場

編集責任者　長澤義文

ISBN978-4-8379-5753-9 C0030